极简经济学

经济学

有趣又有用的经济学常识

［英］
（Tejvan Pettinger）
泰吉万·帕丁格 著

高李义 译

ECONOMICS
WITHOUT
THE BORING BITS

An enlightening
guide to
the dismal
science

中国科学技术出版社
·北 京·

北京市版权局著作权合同登记　图字：01-2022-0377。

图书在版编目（CIP）数据

极简经济学：有趣又有用的经济学常识/（英）泰吉万·帕丁格著；高李义译.—北京：中国科学技术出版社，2022.2（2023.11 重印）

书名原文：Economics without the Boring Bits：An enlightening guide to the dismal science

ISBN 978-7-5046-9392-1

Ⅰ.①极… Ⅱ.①泰… ②高… Ⅲ.①经济学—通俗读物 Ⅳ.① F0-49

中国版本图书馆 CIP 数据核字（2021）第 259729 号

策划编辑	申永刚　褚福祎	
责任编辑	申永刚	
版式设计	蚂蚁设计	
封面设计	马筱琨	
责任校对	邓雪梅	
责任印制	李晓霖	

出　　版	中国科学技术出版社
发　　行	中国科学技术出版社有限公司发行部
地　　址	北京市海淀区中关村南大街 16 号
邮　　编	100081
发行电话	010-62173865
传　　真	010-62173081
网　　址	http://www.cspbooks.com.cn

开　　本	880mm×1230mm　1/32
字　　数	155 千字
印　　张	8.25
版　　次	2022 年 2 月第 1 版
印　　次	2023 年 11 月第 2 次印刷
印　　刷	北京盛通印刷股份有限公司
书　　号	ISBN 978-7-5046-9392-1/F·967
定　　价	59.00 元

　　我教授经济学至今已逾20年，像许多教师一样，我一直试图找到使这门学科引人入胜、趣味盎然和发人深省的方法。这包括尽量避免使用较为复杂的术语，并使这门学科与日常生活息息相关。事实上，从实用角度来看待经济学，并且看它如何影响我们的朋友和家人，都可以真正有助于让这门学科充满趣味性。

　　本书的目的是提炼一些最有趣的经济学概念，并以学生和普通读者都能理解的方式呈现它们。即使你从未读过《金融时报》（*Financial Times*），或者从未完全理解通胀目标和财政责任的含义，我也希望本书能够简化许多看似深奥的经济学知识并让它们变得生动起来。

　　本书的设计让你可以先阅读其中一章，然后跳到另一章，之后再回到原先的那一章，并选择其中一个你感兴趣的话题。但综合起来看，各章节共同简要地介绍了经济学的所有迷人之处，且没有《金融时报》背后那些枯燥乏味的内容！

泰吉万·帕丁格

2021年3月5日

目录 CONTENTS

第六章

商业「神话」

💲

第一章

经济学谬误

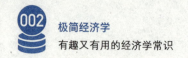

2. 卢德谬误

　　19世纪初，自动纺织机的兴起让一批熟练的英国纺织工人大惊失色。对于从事小规模家庭手工业的个体工匠来说，新奇的机器和大型工厂威胁到了他们的生计；他们认为这些机器导致了他们的经济困难。由于就业前景惨淡，他们决定反击并开始动手砸毁机器。技术工人的反抗遭到无情镇压，并且卢德分子[①]（Luddite）也没有采取任何措施来阻止大规模制造和自动化生产流程势不可挡的扩散。虽然这一自动化发展在现代社会继续进行，但人们对新技术导致失业的恐惧却依旧如同200年前那般强烈。

　　在经济学中，卢德谬误（Luddite Fallacy）现指这样一种错误观念：新技术会夺走工作岗位并造成失业。从本质上说，新技术可能会对传统岗位造成一定的破坏，但总体就业水平一般不会

[①]　卢德分子指19世纪英国工业革命时期因为机器代替了人力而失业的技术工人。现在引申为持有反机械化和反自动化观点的人。——译者注

受到影响。

如果我们以19世纪的英格兰为例，就会发现新工厂和自动纺纱机极大地提高了服装业的生产效率。由于过去仅靠双手缝制服装的工匠无法与机器竞争，因此，服装业对他们的劳动力需求也随之降低。可以理解的是，这些工匠认为机器正在夺走他们的生计，并因此导致他们的贫困。从某种程度上说，他们是正确的：机器对这些失去主要就业机会的熟练工匠来说确实是个坏消息。然而，在经济学中，始终重要的一点是着眼大局并注意到不那么明显的"第二轮通胀效应"①。

---

① 第二轮通胀效应是指能源价格上涨对整体通胀率的间接影响。——编者注

　　首先，新机器和新工厂创造了新的就业机会。之前从事农业的体力劳动者被吸引到这些工厂里工作。尽管以今天的标准来看，工厂里的工作条件十分恶劣，但相比之前的农业体力工作，制造业工作的薪水更高。这意味着工厂里的工人拥有比他们在农场工作时更强的购买力。其次，更高效的服装生产工序意味着服装价格开始下降。购买量身定制的服装曾经是富人的专利，但更廉价的布料和服装意味着更多的人买得起定制服装。随着服装价格变得更加便宜，人们有了更多的可支配收入用于购买更多种类的商品，因此其他企业可能迎来需求的增长。此外，19世纪还带来了诸如铁路、观赏性运动和休闲度假等新产业的发展。

　　这一时期也为我们提供了一个关于技术影响的例子。随着新技术的问世，企业变得愿意在研发上投入更多资金，从而在工程和设计领域创造新的就业机会。这一过程中确实存在重大的（旧岗位）破坏，但从长远来看，经济创造了薪资更高的工作岗位，以取代消失的旧岗位。熟练工匠的工作岗位消失了，但更高效的生产过程可以创造新的工作岗位（服装零售、休闲、机器制造）。对于那些没有收入的熟练工匠们来说，这可能算不上什么安慰，但不可否认的事实是，普通工人的境况比150年前更好了。

　　新技术并不会加剧失业，它只是将就业从一个领域转移到另一个领域。20世纪伊始，法国有大约30万名煤矿工人；到20世纪70年代初，这一数字下降到了15万；而到了2011年，法国境内煤矿工人的数量为零。你可以说技术导致了煤矿业工作岗位的消失，但这是一件坏事吗？现如今，来自前煤矿业村庄的年轻人拥有截然不同的就业机会。

话虽如此，但就业岗位再分配的过程可能是痛苦的。坐在办公桌前说"从长远来看，新的工作岗位将被创造出来"固然不错，但那些被颠覆性技术淘汰的人可能觉得自己并没有得到任何这些所谓的好处。问题在于，失业的煤矿工人可能缺乏重新就业所需的技能、资质和地域流动性。我们可以看到，虽然总体上有新的工作岗位产生，但一些工人可能好几年找不到工作。例如对密歇根州的失业者来说，纽约和洛杉矶出现了信息技术领域的新岗位算不上什么令人宽慰的事。

失业也不是唯一的问题。失去从事一项带来自豪感和满足感的职业的能力也是问题之一。在理论上，熟练的手工制衣匠可以在大工厂获得一份重复性的工作，但他们将失去工作满足感。在美国，自动化生产过程正在导致制造业就业人数大幅下降，而新创造的就业岗位往往是兼职、临时和零工。比如和工友一起从事一份理想的制造业工作，这创造了一种自豪感；而做一名兼职比萨外送司机可能感觉像是后退了一步。仅仅因为从长期来看将会得到新岗位并不意味着没有同样显著的长期成本。

🔆 关于卢德谬误的谬误

大多数人都会认为，19世纪卢德分子的行为是不合时宜的（尽管我们可能对他们表示同情）。没有人愿意为了保护手工制衣的工作而回到19世纪早期的生活水平。19世纪的新机器——蒸汽机、手摇纺织机、电力——促成了生产力的大幅提高，显著提高的产量和报酬更高的新工作极大地弥补了就业受到的任何破坏。也许我们曾经对煤矿业工作岗位的消失表示过抗议，但真的有人想要一种以100万煤矿工人为基础的经济吗？如果你曾下到两英里（一英里约等于1.61千米）深的矿井，在炎热和黑暗中工作，那么，在呼叫中心工作看起来可能并非那糟糕。

尽管如此，但我们还是有可能给出理由，声称在拥有超级技术和人工智能的现代社会，卢德谬误实际上可能根本不是谬误。这听起来可能有点冗长拗口，但关于卢德谬误的谬误认为，新技术的发展实际上会给许多低端技术工人带来更糟糕的就业状况。

其中的论点是：在现代社会，我们将要面临这样的情况，即机器甚至可以取代非常熟练的劳动力。机器可能在几年之内取代出租车司机、教师和送货司机等专业人员。在理论上，这种发展将继续提高生产力和经济总收入。此外，这些新技术可以持续提高每个人的生活水平——更高的收入、新的工作、每周更短的工作时间和更多的闲暇时光。然而，真正的问题是，新技术和新工作将一边倒地惠及那些拥有强大垄断公司的管理者或者能够为机器编程的高技术工人。但在体力劳动方面可能非常成功的低端技术工人现在有可能发现自己不仅输给了自动化，而且无法获得任何体面的就业前景，原因只是他们不适合给机器编程或者不适应现代人工智能经济所要求的更高技术含量的工作。

当社会变得愈发不平等时，赢家将分得更大份额的利益，而低端技术工人可能分得的份额更小。这是近几十年来已经在整个西方世界呈现的趋势。此外，真正重大的技术突破是我们已经拥有的那些技术突破。可以说，电报对世界产生的影响胜过电子邮件。人工智能和互联网等新技术为国民收入带来的收益不如之前的技术。因此，虽然国内生产总值在不断增长，但增长速度较慢——当技术进步放缓时，利益分配恶化的情况将更加明显。反观整个19世纪和20世纪早期，新技术具有破坏性，但生产力和产量的显著提高极大地弥补了这一点。

现在，在我们开始砸碎三维打印机和送货无人机之前，卢德谬误最终可能会成为现实的假设仍有待商榷。首先，我们应该记住，日益扩大的不平等并非不可避免。诚然，自20世纪80年代以来，不平等现象在美国和西欧有所蔓延，但同样有可能的是，社会会下定决心做出更大努力以确保新技术带来的利益得到更加公平的分配。

也许真的有那么一天，机器可以为我们治病或教授经济学，但机器永远无法复制人类的共情能力以及真正的人类所表现出的理解力。我们或许可以从墙上的机器里买到更便宜的咖啡，但如果新技术提高了生活水平，我们将继续花钱才能与服务员互动。

同样，也许这一动态反映了我们缺乏想象力，因为我们总是更容易看到失去的工作岗位，而不是产生的工作岗位。这在19世纪是事实，现在依然是事实。新技术可能会持续导致制造业和快递服务业的消失，但又有谁知道新的就业岗位将会出现在哪里？送货无人机可能会让司机变得多余，但不要忘了，这将为我们这些消费者带来更低的成本：我们将有更多的可支配收入，或许还会花钱买一辆自行车在道路上骑行（这么做此时更有吸引力，因为道路不会被送货货车堵塞）。同样，如果我们能够成功地对利润丰厚的大型科技公司征税，那么每个人都能从这些税收中受益。

2. 劳动总量谬误

劳动总量谬误（Lump of Labour Fallacy）认为一个经济体中的工作岗位数量是固定的，这意味着工人数量的增加（例如由于移民迁入）将导致本地工人失业。

人们害怕移民抢走工作和住房并压低工资，这种恐惧经常被民粹主义[①]（Populism）政客利用，但在政治口号之下的经济学原理是什么呢？一项基本分析表明，如果一个经济体的劳动力供应量增加（来自该经济体之外的移民），就会加剧就业竞争，从而造成失业和工资下行的压力。在高失业率时期，如果工人们对更多的外来工人感到紧张，这是可以理解的，因为随之而来的可能是额外的就业竞争。然而，实际情况比这更加复杂，因为移民不仅增加了劳动力的供应，同时也增加了对劳动力的需求。

假设一个国家的净移民人数上升，且新来的工人"抢走"了交通运输业和制造业工人的工作。从表面上看，留给国内工人的工作岗位因此减少了。但各经济体从来都不是静止的。如果一个经济体的净移民人数为10万人，这将导致该经济体需求的增长。如果移民获得了工作，他们也将获得的收入消费在商店、酒吧、餐馆和其他地方，这将导致各经济体对工人需求的增长。这些"第二轮通胀效应"不那么明显。但是如果一家超市多雇用几名员工，我们不会将其与增加的移民联系起来。这就是为什么我们更容易陷入这样一种谬误——我们注意到在公交车上工作的移民，

---

① 民粹主义又译作平民主义，是在19世纪的俄国兴起的一股社会思潮，意指平民论者所拥护的政治与经济理念。——译者注

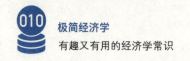

但我们没有看到在其他领域新出现的就业岗位。

思考这个问题的另一种方法是从现实世界中的例子出发。1900年，美国经济强劲增长。这也是一个大规模移民的时代。1900年至1920年间，1453万名移民到达美国。这些移民"抢走"了一些工作——但美国国内工人因此失业并败给移民工人了吗？不。在20世纪前期，美国的失业率保持在较低水平。其中，1900年的失业率估量为5%；1920年的失业率估量为4%。在此期间，实际工资也上涨了。

换句话说，这一时期的大规模移民并没有导致美国国内工人输给移民。这些移民帮助促进了经济增长，而经济增长在不断扩张的经济中创造了新的工作岗位，同时这也是一个工资不断上涨的时期。

在许多其他情况下，人口的大规模迁移同样导致了强劲的经济增长和对失业的积极影响。但是，移民抢走工作的想法依然根深蒂固。净移民会导致失业的情况存在吗？例如，大规模失业时期会怎样呢？

在大规模失业时期，经济萧条并且本国工人由于缺乏就业机会而失业。如果这一时期出现净移民，那么高失业率将持续下去。如果一名本国工人失业，而一位移民得到了这一份工作（也许是因为移民愿意接受更低的工资），一些人可能会认为移民加剧了失业危机。然而，即使在经济衰退时期，移民仍然可以增加劳动力供应和经济中的需求。但是，面对持续的高失业率，指责移民导致失业可能比解释需求总体不足和经济中的潜在失业更容易。

同样，移民活动对经济形势非常敏感。正如我们所见，在20世纪前期，超过1400万人移民美国，但在1931年至1940年间的"大萧条"时期，这一数字暴跌至53万。换句话说，当一个国家失业率居高不下，移民到这个国家的动机就会大大降低。欧盟是另一个很好的例子。劳动力在欧盟内部的自由流动激励低工资经济体的工人向高工资经济体转移。当爱尔兰经济在21世纪初蓬勃发展之际，随着年轻人开始从事建筑和零售工作，来自东欧的移民数量激增。当经济危机在2007年爆发时，移民活动放缓且许多迁移工人回到了自己的国家。这种周期性的移民模式限制了爱尔兰失业率的上升。

对移民的另一种理论上的担忧是，他们获得一份工作并将工资寄回本国（这被称为汇款）。在这种情况下，移民不会在工作的国家花钱，因此不会导致该国市场的需求显著上升。也就是说，移民可能只会创造少量的工作岗位。然而，在现实中，移民仍然需要在工作国家花相当多的钱，并且只能将一定比例的钱寄回国。

　　劳动总量谬误的另一个例子是：削减每周平均工作时间会创造工作岗位吗？假设一个经济体的失业率为10%，而每周平均工作时间为40小时。从一个角度来看，我们可能会认为，解决失业问题的办法之一是将每周工作时间从40小时削减到30小时。每周最多工作30小时意味着企业需要雇用更多的工人来弥补失去的工作时间，因此，这将降低失业率。在理论上，这似乎有一定的逻辑。由于工作时间减少了25%，所以企业需要雇用更多员工，因此失业率会下降。

　　然而，事情绝没有这么简单。在一周最多工作30小时的情况下，企业可能会寻求提高工人的生产效率的方法。即使企业没有一名每周工作40小时的员工，但它们仍然会找到办法完成同样的工作。这可能包括（通过无偿工作）绕过立法或使用提高生产效率的新技术。其次，削减工作时间不一定就意味着企业会雇用更多的员工。如果一名经理每周的工作时间被削减到30小时，企业可能很难雇用合适的技术工人来填补经理缩短的工作时间。同样，另一种情况是，如果工人每周的工作时间从40小时减少到30小时，他们的收入将会减少。因此他们的支出也将会减少，从而导致整个经济体对商品的需求下降。其结果是不同行业对工人的需求也会下降。

　　一个真实的例子是法国在2000年2月实行的每周35小时最长

工作制。此举的目的是通过鼓励工作分担来降低法国当时10%的失业率。尽管每周35小时工作制的确切影响存在争议，但几乎没有迹象表明就业率和工作分担水平有所上升。许多企业通过支付加班费来规避该项立法，总的来说，企业不愿雇用更多的工人。尽管法国的失业率在21世纪初小幅下降，但在试行每周35小时工作制16年后，法国的失业率仍不算低。批评人士认为，每周最长35小时的工作时间增加了经营成本，且它从一开始就使企业对招聘持更加谨慎的态度。

3. 破窗谬论

如果一场飓风对房屋造成了破坏，其后果可能会导致经济活动激增。房主需要雇用玻璃安装工来修理破损的窗户，并雇用建筑工来处理废墟。从一个角度来看，飓风似乎可以导致经济产出的增加。受益的也不仅仅是建筑工和玻璃安装工：如果他们的收入增加了，他们将有能力进行更多的消费，从而导致对商店和餐馆的需求增加。因此，乍看之下，许多人似乎从破损的窗户和更换窗户的活动中获益。

然而，修复破损的窗户实际上并不会增加经济产出和福利。

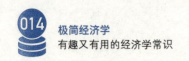

将修理窗户这一经济行为视为产出的实际增长是一种谬误。修复破损的窗户将不可避免地取代收入的其他（更具生产力的）用途。

经济学中的一个重要概念是机会成本。机会成本是被放弃的次优选择。我们不断面临涉及机会成本的决策。例如，作为一位房主，我们可能会存钱买一辆新车。然而，当飓风来袭，我们将不得不用自己的存款修理房子和破损的窗户。在窗户上花钱的机会成本是我们不再有足够的钱买一辆车。因此，当玻璃安装工看到对自己的服务的需求上升时，汽车经销商则看到了需求的下降。飓风并没有增加社区的总产出或总收入，而仅仅是在不同行业之间转移了收入。一些行业确实有可能因飓风而受益——建筑工、玻璃安装工和修理工——但不那么直观的是，其他行业将会遭遇损失。

思考这个问题的另一种方式是：假设飓风对我们的房产造成了破坏，我们因此需要花3万美元进行维修。那么我们就不能将这3万美元花在房屋的扩建上。建筑工并未真正受到影响，因为他依然能够拿到他的3万美元。但我们的境况变糟了。因为我们没能进行扩建，而是把钱花在解决问题和回到起点上。建筑工的收入是一样的，但由于飓风造成的破坏，经济的资本总额减少了。我们本来可以拥有更大的房子，但现在我们只能拥有相同数量的房间。

破窗谬论（Broken Window Fallacy）最初是由法国经济学家克洛德·弗雷德里克·巴斯夏（Claude Frédéric Bastiat）提出的。他在生命中的最后一年写了一篇很有影响的文章，文章题为《看得见的与看不见的》（*Ce qu'on voit et ce qu'on ne voit pas*）。他举了这样一个例子：一个小男孩在街上打破了一扇窗户。一开始当被打破的窗户得到修缮时，似乎会出现一阵经济活动，但巴斯夏指出，我们还需要看到那些遭受损失的店主受到的不太明显的影响。我们购买一扇新窗户——但我们将因此而不购买蜡烛或鲜花。

破窗谬论有没有可能在某些时候是正确的？如果你打破了一位非常富有的守财奴的窗户，而这位守财奴拥有数百万美元的储蓄，那么结果很可能会不一样。在这种情况下，这位富有的守财奴是在囤积自己的钱，而不是将这些钱用于生产。所以，向他的窗户扔砖头会迫使他花本来不会花的钱。在这种情况下，当地的商人实际上可能在没有机会成本的情况下看到收入的增加。

然而，即使在这位富有的守财奴的例子中，也可能存在一些令人惊讶的看不见的影响。这位富有的守财奴可能确实在一家银行存了数百万美元——乍一看，这似乎会减少潜在的经济活动。然而，这些储蓄不仅仅是存放在银行的现金库里。银行可以自由地把很大一部分存款以贷款的形式借给其他人或企业。但如果银

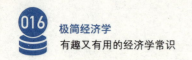

行发现自己持有的存款大幅下降，原因是富有的守财奴们正在付钱维修自己的窗户，那么银行就可能不得不削减商业贷款，这将影响到当地企业，这些企业将不能再按照自己想要的方式进行投资。

然而，有一种情况下，破窗谬论实际上可能不是谬论。在"大萧条"时期，著名经济学家约翰·梅纳德·凯恩斯（John Maynard Keynes，1883—1946；见本书第146页）主张对各个经济体所面临的需求暴跌采取行动。他说，有时候付钱让人们在地上挖洞，然后再把洞填上，这是没问题的（你同样可以用打碎窗户然后修缮窗户来代替）。凯恩斯认为问题在于大规模失业、储蓄未得到使用以及人们不愿消费或投资。在这种特殊情况下，打破一个富有的守财奴的窗户可以在没有任何机会成本的情况下增加经济活动。但这一解释有点过头了——在经济大衰退时期，我们最不需要的就是四处打破窗户的人！正常情况下，修缮破损的窗户不会增加经济产出，这么做只是把经济产出从更有生产力的用途上夺走了。

巴斯夏的文章还强调了经济学的另一个局限性——倾向于用产出和收入来衡量事物。

无论我们是花钱修理破损的窗户还是安装新的双层玻璃窗，国民产出在官方统计数据中都是一样的。这两种支出都显示了经济产出的增长。但哪一种支出对生活水平更有利呢？破损的窗户很难看，且看到自己的财产受损时我们也会不高兴。如果破损的窗户很常见，这可能会导致犯罪、混乱、蓄意破坏概率的上升和社区意识的下降。商业街上的碎窗户可能会使购物者望而却步。即使修理费用由保险承担，我们也不喜欢修理破窗的过程。这是一种痛苦的经历，从我们的角度来看，感觉像是在浪费钱——因为这确实是在浪费钱。即使你帮助了玻璃安装工，但许多其他行业却遭受了损失。

4. 沉没成本谬误

沉没成本谬误（Sunk Cost Fallacy）是这样一种观点：由于我们之前的投资和支出，我们更有可能继续一个项目——即使继续这个项目并不符合我们的最佳利益。换句话说，因为我们已经花了钱，所以我们不想放弃。我们很执着于自己过去的决定，不想承认自己犯了错误。

假设一个政府花了几年时间并投入100亿美元规划一条新铁路，但之后对火车旅行的需求意外下降——因此该项目将不再带来任何净社会效益。你是会因为已经花费了100亿美元而要完成

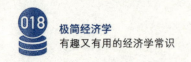

这个项目，还是会因为这不再是一个好主意而放弃并"浪费"用于规划的100亿美元？

从逻辑角度来看，你花在铁路规划上的100亿美元已经用完了。如果你取消这个项目，你也不能拿回这100亿美元。然而，你已经花费的100亿美元不应该在你选择最佳的规划路线时影响你的决定。假设这个项目继续下去，可能还需要250亿美元才能完成，但现在收益只有70亿美元，这使得之后的净损失达到180亿美元。因此，最好是停止这个项目并损失100亿美元。如果你继续下去，最初的损失将会扩大，且最终损失将达到280亿美元。因此才有了"想要挽回损失，反倒搭进去更多"这一说法。

问题是，如果我们已经花了几年时间和100亿美元，我们会觉得自己既投入了金钱，也投入了时间和精力，并且我们觉得自己需要利用最初的投资。一旦糟糕的项目开始了，我们就很难承认犯了错误，所以糟糕的项目会继续下去，并导致更大的资金损失。这就像试图找到黄金而挖一个洞，当我们找不到任何黄金时，我们觉得需要继续挖一个更大的洞，原因是我们已经付出了很多努力。

这里有另一个解释沉没成本的方法，这个方法听起来可能很疯狂，但研究表明，这种方法所描绘的情况确实会发生。假设你购买了一张健身房的年度会员卡，但几个月后，你的胳膊受伤了。你真正想做的是不再去健身房，可问题是，你很清楚自己已经付了钱，如果你不去健身房，你就是在浪费钱。因此，你继续去健身房并默默地忍受痛苦——但至少你认为钱花得值！

一个更简单的例子是：你在餐馆点了一顿大餐。因为这顿大餐的价格是50美元，所以你觉得自己需要把所有的东西都吃完，即使到最后你已不再享受吃这顿大餐，因为你已经吃得很饱了。

为什么我们容易受到沉没成本谬误的影响呢？行为经济学家指出，我们没有平等地评估所有得失的价值。如果我们拥有某样东西，我们会对它产生更强烈的依恋感。我们觉得对自己在健身房的会员身份投入了感情，我们觉得对已经建设了一半的工厂投入了感情，放弃我们所有的努力就像是心理上的打击。

其次，人类的一个特点是不喜欢承认自己犯了错误。假设一个政府开始建造一款超音速喷气式飞机，几年之后，一份报告显示，建造这款喷气式飞机不能有效地利用纳税人的税款，但承认错误在政治上不是什么好事。所以政客更喜欢掩盖这份负面报告，并继续建造喷气式飞机。如果这款喷气式飞机的建造后来被证明是一种低效的花钱方式，但政客认为，这并不像花费100亿美元然后再放弃那么糟糕——毕竟，公众对政府放弃该项目的看法似乎很可怕。同样值得注意的是，一位政客取消一个项目就必须为此承担责任；如果继续这个项目，这位政客在若干年后可能不再掌权——所以谁会在乎这个项目现在看起来是不是在浪费钱！这种情况确确实实发生在协和式飞机的建造上，这是一种超音速喷气式飞机，且它可以在不到3个半小时的时间里从伦敦飞到纽约。这是一个很有声望的项目，但在昂贵的开发过程中，超级巨型喷气式飞机开始搭载500名乘客（是协和式飞机载客量的3倍）。协和式飞机是一个巨大的亏损项目，但法国政府和英国政府永远不会承认它们错了，也不会承认最好在5年的昂贵投资后终止该项目。因此，协和式飞机开发项目磕磕绊绊地继续进行，并且需要更多的补贴，所以它从未真正在财务上取得成功。

💲 当沉没成本谬误可能不适用时

说了这么多，但人们可能有理由忽略简单的成本效益分析，而实际上赋予沉没成本一定价值。假设你成立了一家公司且花了几年时间进行一个相当昂贵的新项目。你的员工在这款新产品的研发中投入了大量精力，但当该产品上市时，你意识到这款产品在亏损。正如我们已经讨论过的，一位理性的商人应该忽略沉没成本——在前几年投入的时间、成本和努力——并停止生产。

然而，忽视沉没成本可能会带来意想不到的问题。首先，员工们会发现几年的辛勤工作付诸东流，并因此沮丧不已；而且，他们可能不再相信企业能做出正确的决定。在下一个项目中，他们可能不会那么积极，因为他们担心下一个项目也可能在几年后被取消。其次，在公众眼中，取消项目可能会让公司显得软弱无能。在一款产品发布几个月后就取消该产品可能会显得该公司对这个行业不太了解。因此，看待这一情况的另一种方式是：忽略沉没成本和取消产品是合理的，但实际上我们想给别人的印象是我们知道自己在做什么，所以理想的做法是吸收持续金融冲击并继续生产。也许再过几年，金融冲击就会悄然消失。有时候，企业除了考虑基本的会计问题之外，还需要考虑的是：停止生产将如何影响士气和公共关系？

最后一个例子。假设你在12月1日以每棵5美元的价格购买了100棵圣诞树，然后试图以每棵10美元的价格出售。如果你在12月23日还有尚未售出的树，你会怎么做？在这种情况下，你为这些树支付的价格已经不再重要。500美元是沉没成本，你无法拿回你的钱。因此，在最后阶段，你最好以1美元的单价卖掉它们，而不是等到来年再处理20棵没卖出去的树。唯一的难题将是，如果你的企业因为将价格降至1美元而获得声誉，消费者之后可能会开始等待大幅降价，这意味着明年要以10美元的价格销售产品将变得更加困难。没有什么是简单的！

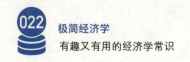

5. 零和博弈

什么是零和博弈？它指的是当一方受益时，必定以另一方的损失为代价。换句话说，这是一个赢家和输家数量相等的结果（图1–1）。

经济学的基本问题常常被说成是稀缺问题和必须决定如何分配稀缺资源的问题。如果我们把经济资源想象成一个蛋糕，我们唯一能做的就是决定谁得到更大的一块。但在切蛋糕时，给一个人更大块的蛋糕意味着其他人只能得到一块较小的蛋糕。因此，对一个政府来说，提供免费的学生餐将产生机会成本——这将需要更高的税收和（或）更低的医疗支出。可以说，政府预算是一场零和博弈。

然而，切蛋糕这种静态的经济学观点创造了一幅误导性的画面。在很多情况下，我们可以烤制一个更大的蛋糕，从而给每个人更大的一块。例如，批评人士认为，鼓励更开放的自由市场将导致更大的不平等：高端技术工人和富人往往将获得更大份额的财富。然而，自由市场经济学的支持者声称，将这视为一场零和博弈是错误的。如果我们为企业家提供更多机会，他们有可能建立一家公司，这家公司将不仅有利于企业家本人，同时也将创造新的就业机会。因此，允许更多的企业家创业并不是一场零和博弈。企业规模的扩大可以让蛋糕变得更大，并且每个人都能从中受益。

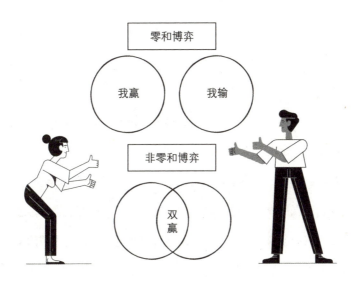

图1-1　零和博弈

　　在17世纪，经济学的一个主流观点以重商主义①为基础。这一经济福利理论在很大程度上基于零和思维。其基本理念是，一个国家想要变得更加富有，就需要从另一个国家获取财富。其中的逻辑是，世界上的黄金总量是固定的。如果你想要更多的黄金，你只能以牺牲另一个国家为代价。这种零和思维可能导致可怕的后果。人们会误以为变得更加富有的唯一途径就是从别人手

----

① 重商主义（Mercantilism）是在16世纪到18世纪之间盛行的经济理论、经济政策。重商主义是民族主义在经济上的一种形式。它的目标是最大限度地使国家富足与强盛，借由获取并留下尽量多的境内经济活动。——编者注

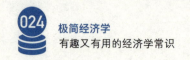

中夺取财富，这一思维鼓励侵略、征服其他国家并建立帝国。这正是探索或殖民时代发生的事情。欧洲国家前往遥远的土地，试图从新发现的国家获得财富。

当经济学家提出关于自由贸易的理论时，他们是在含蓄地批评零和经济学这一概念。这些经济学家表示，我们可以通过其他方式增加财富，而不是只靠从其他国家获取这些财富。贸易模式是我们可以达成互利的协议。如果美国从印度尼西亚进口橡胶，印度尼西亚就获得了外汇收入，它可以将这些收入用于采购美国出口的服装等制成品。在这种情况下，印度尼西亚出口橡胶并不是零和博弈：印度尼西亚并没有因为出口过剩的原材料而遭受损失，而是获得了进口更多自身目前无法生产的商品的能力。贸易有利于美国和印尼两国并且它并不是零和博弈。认识到我们不是生活在一个零和世界的好处是，这一认知降低了我们掠夺他人的动机。

《国富论》（*The Wealth of Nations*）（1776）是一本极具影响力的经济学著作。该书作者亚当·斯密是重商主义的批判者和自由市场与自由放任①政策的主要倡导者。他的见解表明，追

---

① 自由放任，又称自由放任主义，指让商人自由进行贸易，反对政府对经济、贸易的干涉。——编者注

求自身利益可以带来共同利益。屠夫和面包师生产商品是为了赚钱，他们这么做增加了他们的消费者和供应商的福利。自由放任经济学的伟大之处在于，它表明个人和企业可以在不进行零和博弈的情况下追求自身利益。企业的动机可能是利润和自身利益，但这为工人创造了就业机会，也为消费者创造了所需的商品。自由市场的批评者们表示，自由市场会导致不平等。而自由市场的支持者则认为自由市场不是零和博弈：最重要的是每个人都能受益。

然而，亚当·斯密也意识到了自由市场的局限性。他认为，在某些情况下，企业可能降低消费者的福利。例如，如果一家企业拥有垄断地位——如亚当·斯密生前的东印度公司（East India Company）——这家企业就可以收取更高的价格并获得更多的利润，代价是消费者支付更高的价格。在这种情况下，交易确实变成了零和博弈——公司收取更高的价格，而消费者确实蒙受了损失。

6. 合成谬误

合成谬误（Fallacy of Composition）认为，考虑局部的属性

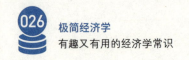

并将这些属性应用于整个对象，这种做法是错误的。例如，如果一名观众站起来，他将获得更好的视野（正确）。因此，如果所有观众都站起来，他们都将获得更好的视野（错误）。在经济学中，我们可以看到许多不同形式的合成谬误。

合成谬误的第一种形式被称为公地悲剧（The Tragedy of the Commons）。这个概念是经济学家威廉·福斯特·劳埃德（William Forster Lloyd, 1794—1852）于1833年提出的。他表示，如果一个村庄有一块公共牧场，而一位村民带着他的牛群去吃草，他的收益就会增加。然而，这并不意味着如果每个人都把他们的牛带到牧场，他们就都会增加收益。事实上，如果所有村民都把自己的牛带到牧场，牧场上的草将被耗尽。这可能导致这样的结果：牧场将失去生命力，而所有村民都会蒙受损失。这个例子说明，个人需要考虑自身利益以外的利益和大局。

在现代社会，渔民喜欢在海上工作更长时间，以此增加渔获量。但是，当许多渔民出海捕鱼时，就会导致鱼类资源的永久性枯竭。公地悲剧是说明市场失灵的一个例子，因此避免公地悲剧需要个人为了村庄的最大利益进行合作，或者存在某种形式的政府干预来防止过度消费。

与公地悲剧形成有趣对比的是埃莉诺·奥斯特罗姆（Elinor

Ostrom, 1933—2012）的著作。奥斯特罗姆在2009年成为第一位
获得诺贝尔经济学奖项的女性。她认为，社区在现实中往往非常
务实，并且它们能够找到管理共享资源的方法。她研究的例子是
瑞士和德国的高山社区，这些高山社区在没有政府干预的情况下
管理着共同的牧区。其原因是社会纽带和成为好邻居的愿望，这
意味着，个人并不总是像经济学所描绘的相当自私的理性人士那
样行事，而是确实理解合成谬误。当地农民知道，如果他们都过
度放牧，从长远来看这对他们是不利的，所以他们一起努力促进
共同利益。

　　合成谬误的另一个好例子是约翰·梅纳德·凯恩斯提出的节
俭悖论（Paradox of Thrift）。在"大萧条"时期，凯恩斯指出，
一个人增加个人储蓄的决定是一个理性选择，这个选择增加了他
们的经济福利。然而，如果所有人同时增加自己的储蓄，这可能
对经济造成非常大的伤害。换句话说，尽管增加储蓄是一个明智
的决定，但社会不一定会因为每个人都增加储蓄而变得更加富
裕。在"大萧条"时期，经济需求不足。人们不购买商品，因此
工人不得不被解雇，并成为多余的人。更多的人因担心失业而提
高了储蓄，导致需求更大幅度地下降和更加糟糕的经济状况。凯
恩斯认为，为了应对更高的储蓄水平，政府有必要借款并抵消需
求的下降。所以，总的来说，储蓄对个人而言是一件好事，但如

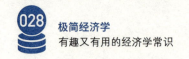

果每个人都储蓄更多资金，经济将无法受益。

在新冠肺炎大流行期间，年轻人可能会想：我可以参加社交活动并和他人见面，这不成问题。这对整体感染率不会有太大影响，并且我可能会没事。然而，如果每个人都这样做，病毒感染率就会暴增，医院将不堪重负。在疾病大流行期间，我们不能只考虑对自己最有利的事，我们必须明白，如果每个人都从自私的角度来看问题，这将给其他人造成严重的健康和经济代价。

另一种合成谬误可能发生在为公共产品——有益于整个社会的产品——付款的时候。从个人角度来看，不付款是理性的：你为自己省了钱，但你仍然从其他人的付款中受益。假设一家公司提出为你所在的城市安装防洪设施，并要求每个人拿出50美元。你会怎么做？如果你具有公民意识，你就会支付这50美元。然而，如果你住在一个拥有100万人口的大城市，你可能会想：就算我不支付50美元，也不会对结果造成太大影响。因此，你会避免支付50美元，由此节省自己的钱。如果只有一个人不付钱，这并不会造成太大影响。然而，如果每个人都持相同的观点，就没有人会付钱，即使建造防洪设施对城市有利，防洪设施也不会得以建造。这就是所谓的"搭便车问题"。我们个人可以不付钱而受益，但如果搭便车的人太多，防洪设施、法律和秩序等公共利益将无法建立或得以维护，我们都将蒙受损失。为了克服搭便车问题，我们需要一个紧密联系的社区（社区居民愿意考虑社会效益）或者一个用普遍税收为公共利益买单的政府。

合成谬误的另一个例子是：一个国家的货币贬值将有助于促进该国的出口，因此各国应该贬值本国货币以促进出口。如果一个国家降低自己的汇率，该国将获得竞争优势和出口增长。然而，所有国家都让货币贬值显然是不可能的——因为一个国家的货币只有在另一个国家的货币升值的情况下才能贬值。因此，尽管货币贬值可能在短期内提振一个国家，但我们不能妄下定论，认为货币贬值对所有国家都是好的政策。事实上，试图通过货币贬值促进出口有时被称为"以邻为壑"的做法，此做法试图以牺牲其他国家的利益来增加本国的出口。

⑦. 中间商

中间商或中间人是在生产者和消费者之间充当经纪人的个人或企业。例如，超市从农民手中购买各种商品，然后将这些商品转卖给消费者。尽管中间商在我们的经济中无处不在，但一种

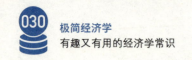
普遍的看法是，中间商导致了更高的价格，剥削了生产者和消费者。然而，如果中间商确实侵害了我们的利益，我们为什么要利用他们呢？

　　一家在中国台湾生产电视机的工厂或许能够以每台50美元的价格生产电视机，这家工厂以100美元的价格将这些电视机出售给批发分销商，分销商之后可能以200美元的价格将电视机卖给商店，商店之后以400美元的价格将电视机卖给顾客。乍一看，中间商似乎把消费者购买电视机时需要支付的价格从100美元提高到了400美元。从理论上讲，如果你直接从工厂购买，你可以以50美元（生产成本）到100美元（分销商的价格，其中包括利润）之间的价格买到电视机。然而，由于一些原因，这种情况并不会发生。首先，如果你想从工厂购买一台电视机，拜访一家工厂所需的时间和金钱成本非常大。此外，如果你拜访一家工厂，你也无法比较不同型号的电视机。因此，去市中心的零售店对你来说更便宜也更容易，在那里你可以浏览来自不同工厂的不同型号的电视机，这样就省去了到工厂购买非常便宜的电视机所需的成本。

　　从工厂的角度来看，工厂是为了生产而不是为了转售。顾客来敲工厂的门是件麻烦事。工厂的建立不是为了展示和销售电视机，这需要建立某种形式的店面，从而导致更高的成本。除此以外，这样做并不值得，因为工厂只会得到少数住在附近的顾客。
而工厂专门从事大批量生产，以获得显著的规模经济效益。规模
经济效益在制造业中十分重要，它意味着，你生产得越多，平均
成本就越低。一家大型电视机工厂一周可能生产一万台电视机。
但向当地的个人消费者销售这一数量的电视机不仅困难重重而且
代价高昂。

在欠发达经济体中，当产量非常低时，生产者可以直接销售
商品。农民把自己生产的产品拿到当地市场上销售。但这在规模
经济效益巨大的现代经济体中是不切实际的。而且，由于工厂生
产的电视机数量很大，因此工厂不想承担向当地商店出售非常
少量的电视机所需的成本。一般来说，工厂更喜欢把产品卖给
批发分销商，批发分销商可以集中精力把这些数量较少的产品
卖给各家商店。批发分销商似乎是一个不必要的中间人，但它
给生产商和商店带来的好处是，它可以储存大量电子产品，而
商店可以只购买少量电子产品。如果你在自己的小镇开了一家
小型电子产品商店，你可能试图和所有大工厂做生意，但它们
可能会拒绝你。因为这样做的效率太低了。小商店将不得不向
批发商采购商品，在很多方面，这比必须和许多制造商打交道
更高效。

就电视机而言，大型零售巨头或许能够直接从制造商那里采

购，而且它们或许能够以比通过批发商进行销售的当地小型电子产品商店更低的价格出售。这就是为什么，尤其是在最近几年，当我们开始向亚马逊等线上零售商这样的更大型的中间商购买电子产品时，小型电子商店的数量减少了。如果中间商不再有效率，它们就会消失。但是，即使在互联网时代，我们仍然不直接从工厂购买商品。我们仍然要经过中间人——即使这些中间人正在从商业街上的商店转变为线上零售商。

有时候，涉及利用批发商或中间商的额外费用似乎没有必要，甚至是过分的。但有些时候，消费者的最佳选择仍是去当地的街角商店。街角商店的牛奶和面包的价格比超市的略高，但消费者宁愿支付稍高的价格，也不愿长途跋涉到大超市去。在这种情况下，批发商或中间商可以让消费者拥有更大的选择范围——以稍微高一点的价格和更少的出行成本从地方商店购买商品，或者以更低的价格从超市购买。而没有了中间商，地方商店就无法生存。

当然，我们也可以省去中间商并直接向农民购买。一些农场有自己的商店，但这通常比从超市购买来得贵。因为超市商品数量大，虽然单位商品利润微薄，但营业额高。超市进货量大，因此平均价格更低。当你去农场商店时，那里的营业额要低得多，而且没有规模经济效益，所以利润必须更高。在现实中，尽管不需要向任何中间商付款，但我们很少去农场商店（特别是如果我们居住在城市）。

　　然而，中间商并不总是降价。事实上，他们也可以抬高价格。一个很好的例子是二手车经销商。购买二手车时，你可以直接从卖家手中购买，也可以通过汽车经销商购买。汽车经销商的价格通常比直接从私人卖家手中购买高出50%。那么，为什么我们选择通过中间商购买并支付更高的价格呢？这是由于所谓的逆向选择①（Adverse Selection），如果我们直接从私人卖家手中购买，我们就无从得知车辆的可靠程度。提出逆向选择模型的经济学家乔治·阿克洛夫（George Akerlof）说了这样一句话："我们买的是桃子还是柠檬？"我们喜欢从汽车经销商手中购买汽车的原因是我们相信他们会销售车况良好可靠的汽车（桃子）。因为经销商有保护自己声誉的动机，他们甚至可能提供担保。如果我们从私人卖家手中购买汽车，他们则没必要保护自己的声誉。他们可能是诚实的，也可能是不诚实的，我们无从判断；他们卖的可能是桃子，也可能是柠檬。因此我们更愿意降低自己的风险，并通过汽车经销商购买。虽然价格更高，但买到一

---

① 逆向选择是指由于交易双方信息不对称和市场价格下降产生的劣质品驱逐优质品，进而出现市场交易产品平均质量下降的现象。——译者注

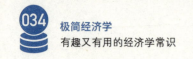

辆坏车的风险更低了。此外，我们有一个选择。如果我们想避开中间商，我们当然可以做到，但如果车辆出现故障，我们将无法退货。

中间商并不总是有利的，一个例子是2007年至2009年金融危机之前的抵押贷款。通常，当银行发放贷款时，它会核实贷款人是否有能力偿还贷款。如果贷款人违约，银行就会亏钱，所以银行有动机只把钱借给那些有能力借钱的人。然而，在21世纪头十年，抵押贷款通常由中间商——抵押贷款经纪人——销售，他们靠销售抵押贷款获得佣金。银行认为下放抵押贷款的销售可以带来更高的效率。

然而，抵押贷款交易商存在一种道德风险，他们靠销售抵押贷款获利，但他们不对债务违约负责。因此，中间商有销售抵押贷款的动机——哪怕贷款人的财务状况不佳。因此，尤其是在美国，许多抵押贷款由中间商销售给信用不佳的人。当这些信用不佳的人违约时，银行就会亏钱，但抵押贷款经纪人却不受这一损失的影响。更糟糕的是，这些抵押贷款被伪装成高信用评级债券打包出售给其他银行。在这个特殊的案例中，中间商创造了不正当的动机，这一动机给银行业带来了严重的问题。

中间商的另一个问题是他们是否具备很高的垄断能力。例如，戴比尔斯（De Beers）作为钻石界的卡特尔[①]（cartel），它控制着世界上大部分钻石供应，因此它可以影响消费者所支付的零售价格。但其中的问题不在于中间商，而在于垄断力量。你可能想要避开垄断的力量，但为了这么做，你愿意到南非的矿山去买一枚钻戒吗？

一些人认为，互联网将导致中间商被取代。你确实可以在互联网上直接从艺术家和生产者手中购买商品。但大多数商品仍然通过中间商销售。例如，我们从iTunes（苹果公司的一款数字媒体播放应用程序）或声田（Spotify）上获取大部分音乐，而不是直接从音乐家手中获取。我们仍然通过像亚马逊公司这样的新中间人购买电子产品，而不是从工厂购买。"中间商"这个词似乎含有剥削消费者的含义，但我们不希望没有它们。一般来说，中间商增加了生产者和消费者的经济福利，尽管并非总是如此。

[①] 卡特尔是由一系列生产类似产品的独立企业所构成的组织，该组织采取集体行动，目的是控制该类产品的产量并提高价格。——译者注

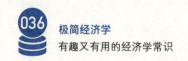

8. 这次不一样（泡沫为什么会再次出现）

在荷兰黄金时代①（The Dutch Golden Age），人们对郁金香表现出了极大的兴趣。郁金香球茎变得十分珍贵，因此价格飙升。在"郁金香热"的高峰时期，一个郁金香球茎的售价约为3000个弗罗林金币②，这是一名熟练工人年薪的10倍。当时的投机活动十分激烈，人们甚至在都没见到郁金香的情况下就对郁金香球茎的所有权进行买卖。由于郁金香的价格似乎可以一直保持上涨，所以购买郁金香让人们十分兴奋。然而，1637年2月，市场在一夜之间崩溃，郁金香球茎价格从天文数字跌至几乎为零。许多投资者血本无归——也许他们会尴尬地意识到自己竟然愿意花这么多钱买一个郁金香球茎。

一看到这段历史，我就会马上想到，我绝不会相信这样的泡沫。然而，事实是，历史具有惊人的不断重演的能力——自那以后，历史上出现了无数的资产繁荣和萧条。情况都很常见：资

① 荷兰黄金时代约在公元17世纪，当时荷兰的贸易、科学与艺术等方面获得了全世界的赞扬，被视为荷兰的巅峰时期。——译者注
② 1252年，热那亚和佛罗伦萨开始铸造一种名为弗罗林的足金金币，每枚金币重3.5克左右。弗罗林金币通过南欧日益重要的贸易线路进入西欧和北欧，成为后来大多数欧洲金币的原型。3000弗罗林金币相当于现在的3万~5万美元。——译者注

产价格的指数级增长引发了极大的兴奋，人们急切地想在市场转向、价格暴跌之前采取行动。历史上出现了很多泡沫——从18世纪90年代在英格兰和威尔士出现的"运河热"、19世纪40年代在英国和爱尔兰出现的"铁路热"、自20世纪80年代中期以来英国经历的两次房价泡沫，以及1995年至2001年间美国的互联网泡沫——而且还会有更多泡沫。

为什么我们会看到如此多的资产泡沫出现并破裂？人性的一个显著特征是我们愿意相信：这次不一样。这一次，我们可以选出一个赢家；这一次，价格的创纪录增长是有原因的。即使有一点泡沫，我们也相信自己不会陷入困境：我们会在价格下跌之前出售。

那么，我们为什么会重蹈覆辙呢？首先，经济学家指出，人类往往会高估自己的能力，却对自己的弱点视而不见。2006年，詹姆斯·蒙蒂尔[1]（James Montier，英国著名基金经理）对职业基金经理进行了一项调查，并发表在一篇题为《表现不佳》

---

[1] 詹姆斯·蒙蒂尔，英国著名基金经理，现为GMO资产管理公司资产配置团队成员。此前曾担任法国营业银行（Société Générale）全球策略联席主席，在汤姆森-埃克斯塔尔（Thomson Extel）年度策略分析师调查中名列前茅。他是英国杜伦大学（Durham University）访问学者和英国皇家科学院（Royal Academy of Science）院士，被媒体誉为特立独行的交易者、传统理论的批判者和具有创新精神的投资家。——译者注

（*Behaving badly*）的文章中。该项调查发现，74%的受访职业基金经理认为自己的工作表现高于平均水平，只有26%的受访者认为自己处于平均水平，没有受访者认为自己"低于平均水平"！

　　人类心理的另一个特点是，我们很容易臆断大多数人一定是正确的。如果大多数人都在购房，而且绝大多数房地产经纪人都说现在是购房的好时机，那么我们中又有谁会违背大众的智慧呢？所以，如果有大量的人购买某种资产，我们就会下意识地认为他们肯定知道自己在做什么。因此，我们也会同样地购买。这有时被称为羊群效应（Herding Effect）——我们跟着做别人正在做的事。凯恩斯曾经说过，循规蹈矩的失败比离经叛道的成功更容易带来好名声。投资也是如此。如果你是一名房地产经纪人，而房价正在上涨，你想成为那个警告房价可能被高估了的人吗？

　　群体的智慧，或者说是羊群效应，是一种非常强大的影响。在20世纪90年代末，有一种购买科技股或任何与互联网相关的股票的时尚。1996年，艾伦·格林斯潘（Alan Greenspan）曾蜻蜓点水式地提及资产价值的"非理性繁荣"。三年后，当股价下跌时，"非理性繁荣"被普遍认为是一个说明股价已与现实脱节的预言性评论。然而，主导21世纪初繁荣时期的人也是格林斯潘，他却没有看到美国房价和抵押贷款双双创纪录的增长实际上也是一个危险的泡沫，这个泡沫随后破裂并带来了灾难性的后果。经济学家们曾经开玩笑说格林斯潘实际上就是上帝，因为通胀率的上升或下降似乎就是格林斯潘所希望的样子。如果他没能看清不断扩大的泡沫的真实程度，那么这么多人也落入了同样的陷阱是否令人惊讶呢？

房地产泡沫及其破灭是一个有趣的例子，它说明人们如何能够告诉自己：这次不一样。就房价而言，你可以令人信服地证明房屋本身具有实际价值，并且如果土地非常有限——正如在巴黎和纽约——我们就可以理解为什么房价涨幅可能超过通货膨胀。例如，一幢住房的内在价值比一个郁金香球茎大得多。然而，尽管房子确实有实际价值，但这并不意味着它不会受到泡沫行为的影响。纽约的房价可能高于平均房价水平，但这并不意味着它们注定会永远上涨。事实上，纽约的房价和其他地方的房价一样，也会受到繁荣和萧条的影响。只不过纽约的房价从更高的水平开始上涨。如果许多人告诉自己房价只会上涨，那么非理性繁荣就会将房价推高到远远超出其潜在价值的水平。而新冠肺炎大流行等意外事件也可能导致房价的长期变化，这种情况鼓励人们在家工作，并对人们住在纽约等中心地区的愿望产生潜在影响。

经济学家罗伯特·席勒（Robert Shiller）在其著作《非理性

繁荣》（*Irrational Exuberance*）中研究了这种效应。他解释了我们如何陷入价格涨幅超过商品实际价值的情况。"我将投机性泡沫定义为这样一种情况：价格上涨的消息刺激了投资者的热情，这种热情通过心理传染在人与人之间传播，这个过程放大了证明价格上涨合理的说法，并带来了越来越多的投资者，尽管这些投资者对一项投资对象的真正价值存在怀疑，但还是被吸引到这项投资中来，一部分原因是嫉妒他人的成功，另一部分原因是赌徒的兴奋。"换句话说，在泡沫出现时期，我们喜欢看到证明自己信心的信息。在这些时期，你会倾向于让很多人解释为什么自己的信心是合理的。

当然，做事后诸葛亮并开始提出问题总是很容易的。郁金香热在17世纪30年代爆发后，为什么一个郁金香球茎能卖到几千英镑？1929年华尔街股市崩盘之后，为什么股市市盈率超过了长期平均水平？（图1-2）在2007年至2009年的信贷紧缩之后，为什么银行要通过短期借款来放贷？问题是，在泡沫出现中间，总是很容易找到省事的答案。《这次不一样：800年金融荒唐史》（*This Time is Different：Eight Centuries of Financial Folly*）是一本很有影响力的著作，该书的两位作者卡门·莱因哈特（Carmen Reinhart）和肯尼斯·罗格夫（Kenneth Rogoff）在书中提出了类似的观点，以解释我们的短期记忆和短视理解致使我们经常被迫经历同样的金融危机。下次有人对你说"这次不一样"时,你在把所有钱都投到某种资产之前,请三思。

图1-2 股市市盈率

当市场的周期调整市盈率较高时,股票的价值被高估了,股票在未来20年的回报可能会很差。相反,当周期调整市盈率较低时,股票的价值被低估了,因此股票在未来20年的回报可能会很好。

① 1929年华尔街股灾(Wall Street Crash of 1929)又称大股灾(Great Crash)或1929年华尔街股市崩盘(Stock Market Crash of 1929),以牵连层面和持续时间而言,是美国历史上最严重的一次股灾。——译者注

第二章
政治上的两难境地

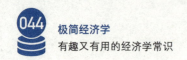

⑨. 减税

1980年，美国的最高边际税率①（Marginal Tax Rate，简称MTR）为70%。罗纳德·里根（Ronald Reagan）竞选美国总统时承诺"缩减国家和政府的职能权限"并成功当选，他认为减税是一项可以产生显著影响的政策。减税这一想法自然会吸引这位从一开始就本能地对政府持不信任态度的保守派总统。支持减税的想法是一个理论论点，即政府可以在削减税收的同时增加政府收入。这听起来好得令人难以置信，但早在1974年，经济学家阿瑟·拉弗（Arthur Laffer）已与杰拉尔德·R.福特②（Gerald R. Ford）政府的官员坐下来说明了很高的税率可能会导致较低的政府税收，因此，减税不会使税收收入受到影响，甚至可以增加税收。

拉弗曲线（图2–1）认为，如果税率是100%，政府将不会获

---

① 边际税率指征税对象收入的增量中税额所占的比率。——译者注
② 杰拉尔德·R.福特是第38任美国总统。——编者注

得任何收入；如果你所有的收入都交了税，工作就没有了意义。

如果税率为0，政府也将没有收入。因此，在0到100%之间，必定

存在一个使税收收入最大化的税率。如果当前的收入税率高于这

一水平，那么降低税率就可以增加税收收入。据说，拉弗在一家

餐馆里把这个简单的图表画在了餐巾纸上。但拉弗并未声称自己

有什么原创的见解。事实上，类似的观点可以一路追溯到14世纪

的伊斯兰哲学家伊本·赫勒敦（Ibn Khaldun）。但这个概念很快

就被称为拉弗曲线（Laffer Curve），对于一位像里根这样的政客

来说，拉弗曲线提出了一个既简单又极具吸引力的减税论点。里

根似乎可以两全其美——在减税（这是一个在政治上很受欢迎的

举措）的同时促进经济增长并增加政府的总体收入。里根希望减

税能够给个人和企业带来努力工作的更大动力。投资将会根据动

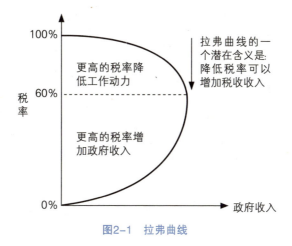

图2-1　拉弗曲线

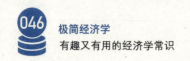

力而增加，从而产生更多的就业岗位，人们会加班加点，这将促进经济增长。重要的是，更高的经济增长意味着政府将获得更多的税收（例如，来自更高的销售税、公司税和个人所得税）。

里根实行减税措施并不需要太多的说服力，这迎合了他的政治需求，且拉弗和米尔顿·弗里德曼（Milton Friedman）等供给学派经济学家也给了他理论支持。美国的最高边际所得税率从70%降至50%。1986年，最高个人税率从50%降至28%。

不幸的是，人们对这项实验的评价褒贬不一。1981年，美国政府的实际税收收入非但没有增加，反而下降了6%。不久之后，美国被迫提高其他形式的税收，以弥补1981年以来的税收缺口。作为国内生产总值的一部分，美国税收在国内生产总值中的占比从1981年的19.1%下降到了1989年的17.8%。

从积极的方面看，美国经济在20世纪80年代强劲增长，在里根总统任期内创造了1600万个就业岗位。另一方面，在比尔·克林顿[①]（Bill Clinton）的总统任期内产生了更多的就业机会（2310万个），而克林顿将所得税的最高边际税率重新提高到39%。当然，在众多其他因素起作用的情况下，总是很难把减税

[①] 比尔·克林顿，美国第42任总统，任期为1993年1月20日至2001年1月20日。——译者注

和创造就业联系起来。

拉弗曲线的关键问题在于：什么样的税率将是税收的最优水平？许多经济学家认为，这一税率可能高达60%～70%。所以，如果你将税率降至该水平以下，在其他条件不变的情况下，税收收入就可能会下降。因此，政府能够在减税的同时实际增加收入的情况很少。很少有国家的税率超过70%。

从工人的角度来看，减税可能会产生不同的效果。一方面，更低的税率使工作更有吸引力：现在工人们可以保留更多的初始工资，他们可能愿意放弃休闲时光，更努力地工作。然而，还有另一个因素（被称为"收入效应"）在起作用。假设你重视休闲时光，并且你每年的目标收入是5万美元。如果政府减税，你工作更短的时间就能实现5万美元的收入目标。在这种情况下，减税实际上可能导致更少的工作时间（和更少的税收）。但在现实中，许多工人没有选择工作时间的奢侈——无论税率上升还是下降，许多工人都不会受到影响。

尽管人们对减税如何影响政府收入持保留态度，但减税依然是很受自由市场经济学家和反税收政客欢迎的一个目标。2011年，在州长萨姆·布朗巴克（Sam Brownback）治下的堪萨斯州实施了一项雄心勃勃的减税政策，其中包括废除商业税率和大幅削减个人所得税。布朗巴克在签署减税法案后声称，减税将通过

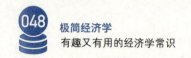

引发经济活动的激增而收回成本。然而，到了2017年，堪萨斯州税收下降，并造成9亿美元的预算缺口，致使该州被迫削减公路项目、教育甚至养老基金的支出。人们所期待的经济奇迹并未出现，且堪萨斯州在经济增长和创造就业方面也逊于邻近几个州。减税政策随之被取消，意味着这次实验实际上也结束了。保罗·克鲁格曼（Paul Krugman）声称，减税可以收回成本的想法是终极僵尸想法——换句话说，这个想法经常被证明是错误的，但它仍然具有生命力，这或许是因为它在政治上的吸引力。乔治·W. 布什[①]（George W. Bush）的一位经济顾问尼古拉斯·格里高里·曼昆（Nicholas Gregory Mankiw）则更加慎重，他表示，很少有经济学家声称减税能收回成本。根据粗略的经验，他认为35%的减税额度可能会被更高的经济增长所抵消。堪萨斯州的实验错误地期望出现经济奇迹，而且这一实验不是基于经济观察。

同样，2017年，特朗普（美国第45任总统）的减税政策涉及大幅降低税率——尤其是面向富人和企业。一些特朗普的支持者声称，此举将带来6%的年均经济增长，并有效地收回成本。然

[①] 乔治·W. 布什，美国第43任总统，任期为2001年1月20日至2009年1月20日。——译者注

而，主流经济学家对此普遍持批评态度。减税大幅增加了美国国债，却未能提高实际工资或经济增长率。

同样值得指出的是法国在2013年的经历：弗朗索瓦·奥朗德（François Hollande）总统提高了法国的增值税、企业税和最富有公民的所得税税率（对超过100万欧元的收入征收的税率提高到了75%）。但这一税收措施实施之后，法国的税收增幅远低于政府预期。面对75%的税率，许多最富有的法国人干脆迁往欧盟其他地区，以避免支付高额税收。这提醒我们，极高的税率可能适得其反——尤其是如果此举将直接导致公民迁往到其他国家。在全球化时代，税收竞争可以激励小国出台极低的税率作为吸引国际投资的一种方式。例如，爱尔兰通过出台较低的企业税率吸引了谷歌和微软等大型跨国公司。可问题是，此举可能给不同国家间的税率带来竞争性下行压力。

减税面临的另一个进退两难的问题是，政客们普遍感受到同样强烈的政治压力是增加政府支出。医疗、养老金、教育、国防和基础设施都是选民普遍希望看到拥有更多支出的领域。减税的问题在于，减少在上述领域的投资将产生机会成本（除非减税是通过借贷融资）。此外，许多西方发达经济体的公共支出正面临更大的限制。欧盟、日本和美国的经济增长率不仅都在下降，与此同时，这些国家和组织也都在应对人口老龄化问题，人口老龄

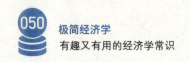

化给医疗和养老金支出带来了压力。在这种环境下，减税的作用愈发具有挑战性。

然而，政治情绪可能会引发不同的局面。例如，在20世纪的两次世界大战期间，大多数国家的个人所得税税率都非常高。在危机期间，高税收将得到更大的政治支持。新冠肺炎疫情引发的危机为政府增加支出提供了广泛支持，这些支出支持了受疫情影响的经济领域。这样的环境可能更有利于支持更高的税率。

$10.$ 政府债务

对政客而言，政府债务是真正的雷区。有时候，对债务上升的恐惧会引发经济和政治问题。然而，在另一方面，经济学家可能对不断上升的债务持相当乐观的态度，在经济衰退时期尤其如此。凯恩斯主义的经济分析表明，更高的政府债务可以抵消私营部门支出的下降，从而有利于经济。然而，用一段政治引述解释凯恩斯经济学和政府债务的好处是相当困难的——尤其是当政客们自己也不完全理解债务问题的时候。

在2007年至2009年间的"大衰退"（Great Recession）之后，世界各国的政府债务出现了非常迅速的增长。赤字鹰派（担心政府债务规模的人）指出，更高的债务会在未来导致更高的债券收益率（债务利息）和更高的税收。人们很容易相信，更高的政府债务代表着经济管理不善。在"大衰退"危机最严重的时候，卡门·莱因哈特和肯尼斯·罗格夫这两位经济学家警告称，更高的政府债务往往将导致更低的经济增长率。

　　然而，尽管这种批评听起来似乎有道理，但赞同凯恩斯主义的经济学家却采取了不同的方法。在经济衰退时期，政府向银行和有闲钱的富人借钱。因为当一个政府从私营部门借钱时，它实际上是在向自己借钱。凯恩斯用一个家庭做比喻，在这个家庭中，拥有过剩储蓄的祖父母把钱借给暂时没有收入的年轻亲戚。这些年轻亲戚现在可能欠了祖父母的债，但这些债务都存在于同一个家庭。换句话说，一个经济体不是向其他国家借钱，而是向那些储蓄过剩的本国人借钱。

　　凯恩斯经济学是在"大萧条"时期发展起来的，这是大规模失业的时期，从1929年华尔街股市崩盘开始一直持续到了1933年春天。当时，正统的经济学观点是政府应该平衡预算。这一观点导致政府增加税收和削减开支，但这种"紧缩"——在经济衰退时期削减公共开支——通常会使情况变得更糟。当失业救济金被削减时，失业者的支出就会更少，从而导致需求进一步下降，经济增长放缓，税收收入下降。凯恩斯认为，政府可以从那些储蓄

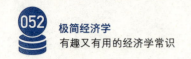

过剩的储户手中借钱，而不削减在任何私营部门的支出。因此，如果政府借钱创造投资和就业，这将有助于刺激需求和经济增长，从而提高税收收入。这就是政府借款的讽刺之处：如果政府借款能够促进经济增长，那么从长期来看，它将改善税收收入。但如果各国实行紧缩政策——削减支出并提高税收——这可能导致经济增长放缓和税收收入下降。因此，在某些情况下，试图通过紧缩政策来减少预算赤字可能会弄巧成拙。

然而，存在这样一个难题。2012年，许多已经采用欧元的欧洲国家——希腊、爱尔兰、意大利和西班牙——经历了以政府债务为中心的重大危机。市场担心政府债务正在丧失流动性，从而导致债券收益率飙升①，因此上述各国政府都认为不得不削减支出和债务。我们如何用凯恩斯经济学来解释这一点呢？凯恩斯认为，政府可以在经济衰退时借入更多资金，而债券收益率不会上升。但是，在上述国家，情况正好相反。主要原因是这些欧洲国家过去是（现在也是）欧元区成员国且没有自己的货币，它们无法让本国货币对其他欧洲国家的货币贬值，也不能要求本国央行印制货币（通过电子方式创造货币，即所谓的量化宽松货币政

---

① 债券流动性越好，风险越小，债券收益相对就较低；债券流动性不强，流动性风险较大，就需要用较高的收益率来弥补。——译者注

策；见本书第96页）并购买政府债务。但日本、美国和英国都有自己的货币和中央银行。如果日本没能在本月底向私营部门出售足够的债务，作为日本央行的日本银行（Bank of Japan）就可以通过电子方式制造货币并"购买"全部债务。这听起来可能好得令人难以置信，但它确实发生了。作为美国的中央银行，美联储在2008年经济崩盘后的一段时间内购买了大量美国国债。

但意大利和西班牙的问题不在于政府债务，而在于留在欧元区导致的不灵活性。最终，欧洲央行（European Central Bank，简称ECB）改变了政策，马里奥·德拉吉①（Mario Draghi，欧洲央行前主席）承诺"不惜一切代价"——即创造货币并进行干预。在此之后，欧洲的债券收益率下降，实行紧缩性财政政策的压力也减轻了。

政府借款的另一个特点：在重大危机期间，政府债务是吸收部分紧急支出的一种方式。例如：在20世纪的两次世界大战期间，政府债务的增长十分显著；在2020年的新冠疫情期间，随着经济发展停滞，政府借款大幅增加并为受经济发展停滞影响的工人和企业提供了财政支持。在这类危机中，人们对债务的担忧往

① 马里奥·德拉吉于2011年11月1日至2019年10月31日担任欧洲央行主席。——译者注

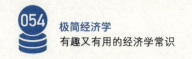

往往会不复存在，而且会出现建议政府资助的政治压力。

然而，尽管从经济角度来看，政府在经济衰退期间借款有充足的理由——或许还可以为公共部门投资提供资金，比如新建道路——但这并不意味着政府可以随心所欲地借款。从长远来看，政府借款存在局限。凯恩斯经济学不仅仅是指政府在经济衰退期借款，它还涉及政府在经济强劲增长时期减少债务。问题在于，在短期内更高的政府借款可能是政治上便利的做法，但它会给未来带来问题。

因此，作为应对长期预算挑战的一个简单的短期解决方案，政府债务可能会成为一种政治上的两难问题。例如，一个人口老龄化和经济增长率低的国家（尤其是日本和意大利）将面临预算限制。人口老龄化增加了对政府支出（养老金和医疗保健）的需求，但由于劳动力数量越来越少，政府的税收收入也随之减少。这种长期变化给政府带来了艰难的选择：为了维持养老金支出，政府可能需要提高税收并削减其他领域的支出；或者提高领取养老金的年龄——这些都是不受欢迎的政策。

一个更加直接的政治解决方案是允许政府借款缓慢增长。但从长远来看，通过增加政府借贷来为老龄化人口提供资金是不可持续的做法。这仅仅是推迟了预算选择。其原因是，如果政府贷款来资助新的道路系统等资本支出，这将促使生产率的提高和更高的经济增长，从而为政府获得更多的税收收入。然而，如果政府借款为养老金提供资金，就不会有生产率的提高和更高的经济增长——政府只是在制造一个将在未来出现的更大问题，一个出现更高税收或预算紧缩的未来。

同样，如果政府继续出售更多债务，可能会产生严重问题。例如，虽然英国和美国在大衰退期间能够在不引发通胀的情况下创造货币，但一些政府有时会忘乎所以并印制过多货币，这可能导致破坏稳定的恶性通货膨胀[①]。德国在1923年出现恶性通货膨胀的一个原因是在第一次世界大战后的德国政府债务增长。在议会陷入政治僵局的情况下，最简单的减少政府债务的短期解决方案就是印制货币。在20世纪初期的津巴布韦也出现了类似的情况：经济衰退，政府债务居高不下，政府的应对之策是印制货币，从而导致了恶性通货膨胀——2008年11月的月通胀百分数为796亿！或者，换句话说，津巴布韦人的日通货膨胀率为98%。

此外，如果国家通过向国外借款为政府债务融资，就会导致额外的难题。当外国投资者对一国的经济感到担忧并出售该国的

[①] 恶性通货膨胀又称"超速通货膨胀"（Galloping Inflation或Runaway Inflation），是通胀率达三位数以上的通货膨胀，指流通货币量的增长速度大大超过货币流通速度的增长，导致货币购买力急剧下降，整体物价水平以极高的速度上涨的现象。——译者注

政府债券，从而将资金带回国内经济时，外国抛售债务的行为将使这些国家受到资本外逃的影响。阿根廷、俄罗斯和东南亚国家等新兴经济体尤其如此。如果经济出现问题，货币贬值，高额的政府债务就会成为一种负担。当货币贬值时，外国投资者就不想持有这种货币的债券而是抛售，从而导致债券收益率上升，由此增加政府借款成本。

那么一个政府能够借多少钱呢？这是一个非常好的问题，但没有简单的答案。2020年，日本的政府债务达到国内生产总值的240%，但债券收益率很低，私人投资者也愿意继续购买。当意大利的国债在2012年达到国内生产总值的119.692%时，这引起了投资者的担忧和债券收益率的上升，意大利政府被迫采取紧缩政策。根据图2-2可知，1951年，英国国债在最高点时是国内生产总值的两倍多（由于第二次世界大战的成本和战后的福利制度）。然而，第二次世界大战后的英国经济非但没有因此停滞不前，反而出现了强劲增长；并且债务稳步下降，没有出现债务危机。与此相反地，2019年，阿根廷的政府债务占国内生产总值的89%，到2020年，该国再次无力偿还其国际债权人。自1816年独立以来，阿根廷已经出现了9次债务违约。因此，阿根廷的借款成本高于其他国家——阿根廷不得不支付更高的利息以吸引投资者，因为人们认为购买阿根廷国债存在较大风险。

　　这证明除了债务的实际数额之外，还有许多其他因素可能引发债务危机。如果一个国家拥有良好的偿债记录，那么投资者就会放心，例如加拿大、比利时、丹麦和英国等国家从未出现过政府债务违约。如果政府掌控着自己的货币政策和汇率，这将赋予政府更大的灵活性。然而，对于那些存在违约记录的国家而言，由于投资者更加谨慎，这使得这些国家更有可能出现债务危机。

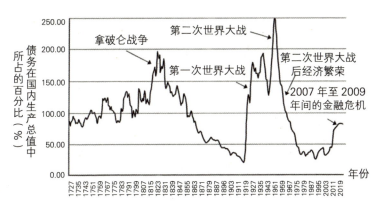

图2-2　英国国债——自1727年以来在国内生产总值中所占的百分比

11. 移民

　　移民可以激起强烈的政治愤怒。对大规模移民现象的敌意一直是世界上许多国家反复出现的主旋律。然而，移民活动的经济学效益可以对这些政治和文化问题给出更为复杂的不同理解。

　　净移民会增加还是减少经济福利？首先，这取决于移民的类型。如果移民总体处于工作年龄，通常会产生一些经济利益。因为处于工作年龄的人口往往是政府预算的净贡献者。他们缴纳所得税，但不需要太多养老金和医疗福利。相比之下，如果净移民大部分在60岁以上，移民将对经济产生相反的影响。60岁以上的人口不太可能工作，因此他们将支付很少的所得税，但却有资格享受养老金和医疗保健福利。一般来说，处于工作年龄的人更有可能移民。想要离开本国移居他国的人通常都渴望过上更好的生活。要迈出这一大步，移民到另一个国家，他们要么有一份工作承诺，要么有合理的工作期望。接近退休年龄的人不太可能冒险移民到另一个国家（尽管已经定居他国者的家庭成员经常被允许生活在他国）。

人才流失

　　移民也可能是自我选择，因为最雄心勃勃、最勤奋的人以及有创业精神的人更愿意冒险移居国外。虽然出现净移民流入的国家（包括英国、美国和德国）往往关注人口迁移的缺点，但值得考虑的是，年轻工人离开发展中国家去寻找薪酬更高的工作对这些发展中国家产生的影响。自加入欧盟以来，许多东欧经济体都经历了某种程度的人才流失——在这些国家，最优秀、受教育程度最高的工人离开本国去他国工作。拉脱维亚的适龄劳动人口在2000年至2017年间下降了25%，33%的大学毕业生移民到了国外。这给本国的经济造成了损失——失去了来自这些移民的技能、生产力、教育投资、税收和创业精神。国际货币基金组织表示，移民他国将导致保加利亚和罗马尼亚的人均国内生产总值比本国公民不移民国外时低3%~4%。

对于出现人才流失的国家来说，这也不全是坏消息——这些国家确实会收到一些汇款（汇回国内的一部分工资）。欧盟国家也受益于外来投资和欧盟内的人口迁移，这促进了经济增长。然而，人才流失给政府的财政带来了真正的麻烦，原因是劳动人口比例正在下降。2013年，拉脱维亚的工人与65岁以上人口的比例为3.3∶1。由于移民，预计到2030年，这一比例将进一步下降至2∶1。这意味着未来支付养老金会出现困难，而且可能需要征收更高的税收。此外，国际货币基金组织指出，人才流失可能导致各种非经济成本。如果受过最优良教育、最有抱负的年轻工人离开一国的经济体，这可能会对该国的政治和文化机构产生负面影响。

讽刺的是，这些与人才流失有关的问题反过来也是正确的：大规模净移民是解决人口老龄化问题非常有效的办法。在世界各地，特别是日本、意大利和西欧国家，出生率出现了前所未有的下降。人口老龄化现象的影响是，在出现有问题的倒人口金字塔①的同时，工人与退休人口之比将小得多。在2010年的欧洲，大约每4名处于工作年龄的成年人对应一名65岁以上的公民（比例为4∶1）。到2050年，这一比例预计将降至每2名处于工作年龄的成年人对应一名65岁以上的公民（比例为2∶1）。这将导致工人短缺，工作年龄人口的税收负担增加，政府满足养老金和医疗保健要求将出现困难。所以鼓励接收大量年轻的移民工人是应对赡养比②上升和人口下降问题的一个潜在解决方案。净移民即使现在不受欢迎，但在20年后可能会变得很有吸引力。

然而，移民引发了许多其他棘手问题。首先，人们担心移民会抢走本国工人的工作。正如在"劳动总量谬误"（见本书第8页）一节中讨论过的，这是一个站不住脚的论点。尽管移民确实

---

① 人口金字塔是用类似古埃及金字塔的形象描绘人口年龄和性别分布状况的图形。它能表明人口现状及其发展类型。图形的画法是：按男女人口年龄自然顺序自下而上在纵轴左右画成并列的横条柱，各条柱代表各个年龄组。底端标有按一定计算单位或百分比表示的人口数量。人口金字塔可概括为三种类型：（1）扩张型。年轻人口组比重较大，从最低年龄组到最高年龄组依次逐渐缩小，塔形下宽上尖。（2）稳定型。除最老年龄组外，其余各年龄组大致相差不多，扩大或缩小均不明显，塔形较直。（3）收缩型。年轻人口组有规则的逐渐缩小，中年以上各组比重较大，塔形下窄上宽，即本文所指的倒人口金字塔。——译者注

② 赡养比是指20~64岁的劳动年龄人口赡养65岁及以上老年人口的比例值。——译者注

增加了劳动力供应，但他们也通过更高的支出增加了对劳动力的需求——因此创造了与他们"夺走"的工作岗位一样多的工作岗位。人们的另一个担忧是，鼓励来自工资水平较低国家的移民将给工资带来下行压力——尤其是对土生土长的低技能工人而言。人们对关于移民压低工资的证据存在争议，尽管有大量证据表明移民不会导致总体工资下降。美国和欧洲迎来大规模移民的时期恰恰是工资上涨的时期。

关键在于，移民不仅增加了劳动力供应（这本身可能会压低工资），他们还促进了经济需求的增长，而这导致了对工资的更高要求。移民也特别具有企业家精神。许多著名的美国公司都是由移民或移民的子女创办的。一种假设是，鼓励来自不同国家的移民可以提高经济体的技能、知识、创造力和潜力。美国尤其受益于技术熟练的科学家的移民。爱因斯坦、尼古拉·特斯拉[①]（Nikola Tesla）和恩里科·费米[②]（Enrico Fermi）都是移民，并

[①] 尼古拉·特斯拉（1856—1943），美籍塞尔维亚裔发明家、物理学家、机械工程师和电气工程师。——译者注

[②] 恩里科·费米（1901—1954），美籍意大利裔物理学家，1938年诺贝尔物理学奖得主。1942年，他领导的小组在芝加哥大学建立了人类第一台可控核反应堆（芝加哥一号堆），为第一颗原子弹的成功爆炸奠定了基础，人类从此迈入原子能时代，费米也被誉为"原子能之父"。——译者注

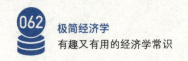

且他们后来成了美国公民。

移民对低技能工人的影响要稍微复杂一些。一些研究表明，（高中辍学者）工人群体可能会受到低技能移民产生的负面影响。这些研究提出的观点是，当低技能移民涌入农业等经济部门，或许能够使企业保持较低的工资水平，甚至降低工资。

然而，外来移民和土生土长的工人通常不会竞争同一个岗位。净移民的一个有趣影响是，它可以导致相对廉价的托儿服务的增长。这使得更多本地妇女能够进入劳动力市场，并提高劳动力市场参与度，原因是她们可以雇用工资较低的移民照顾自己的孩子。此外，在许多西方国家，有些岗位很难找到合适人选。例如，如果不吸引移民，就很难找到水果采摘和社会关怀领域的从业者。一个恰当的例子是在2016年的英国脱欧公投之后，英国吸引的东欧移民减少了，许多英国农民回应称，他们很难找到从事季节性农场工作的本地工人。

在关注移民问题时，同样重要的是不仅仅关注国内生产总值、工资和就业。对大规模移民的一个担忧是大规模移民对当地的住房、拥堵和社会服务造成的影响。移民往往被吸引到人口稠密的地区——拥有更多工作机会的城市。人口的增长会给房租和房价带来上行压力，这对没有房产的本土工人来说是一种经济成本。此外，如果移民高度当地化，一些地区可能会感到当地服务业面临越来越大的压力。如果移民导致当地人口增长10%，这将对医疗、教育和住房等服务业造成压力。如果不将资源转移到移民数量众多的地区，上述问题将会加剧。从理论上讲，移民应该会带来更多的税收收入，从而使更多资金可以被用于住房和教育。然而，这一影响可能会出现延迟，本地人只注意到需求的增长和过度拥堵，而对整个经济在理论上的国内生产总值增长却没有印象。

移民的另一个问题是见解可能很重要。如果一个地区存在现有的社会问题、基础设施和社会服务不足，移民很容易成为政治攻击对象。这个攻击对象掩盖了真正的问题：公共投资的缺乏和地方经济的萧条。人们很容易指出，移民造成了医院的等候名单，尽管没有移民，这些等候名单也会出现。让情况变得更复杂的是，由于对不同种族和文化价值观的人的潜在政治见解，所有这些经济论点也变得更具争议性。对多元文化主义的反对可能是以经济术语来表达的，而真正的动机可能是不喜欢外国人。然而，净移民的支持者可能同样是只看有利证据，强调经济利益而忽视拥堵和住房短缺等其他问题。关于移民的研究不胜枚举，你通常可以找到一个研究来证明自己的观点。

在接下来的三四十年里，围绕移民的辩论可能会发生重大变化，原因仅仅是人口将在老龄化的同时出现萎缩。在这个未来的设想中，不同地区甚至可能为了吸引受过教育的年轻工人到农业、护理和教育等领域工作而展开竞争。随着人口的下降和赡养比的上升，主张移民的理由将变得更加充分。我们可能会遇到这样一种情况：发达经济体正努力吸引移民来填补劳动力空缺。

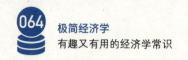 总统的责任

如果有什么事真的让经济学家恼火的话，那就是通过观察经济状况，对总统在治理经济方面的表现进行全面概括。当经济表现良好时，选民们很可能青睐现任总统，这是可以理解的；如果经济表现不佳，失业率高，经济增长缓慢，选民们可能会指责总统。但是，从经济角度来看，一位总统究竟要对经济状况负多大责任？

当你将所有不同的因素结合起来，总统的政策和声明可能在其中占15%左右。事实上，总统往往是幸运或不幸的。吉米·卡特（Jimmy Carter，美国第39任总统）是不幸的，他在20世纪70年代末遭遇了石油价格冲击。赫伯特·胡佛（Herbert Hoover，美国第31任总统）是不幸的，1929年，他在华尔街股市崩盘前几个月就任美国总统。相比之下，德怀特·戴维·艾森豪威尔

（Dwight David Eisenhower，美国第34任总统）、约翰·菲茨杰尔德·肯尼迪（John Fitzgerald Kennedy，美国第35任总统）和林登·贝恩斯·约翰逊（Lyndon Baines Johnson，美国第36任总统）都在一定程度上受益于第二次世界大战后的经济繁荣。然而，虽然运气和外部因素在决定经济形势方面起到了巨大作用，但如果走向另一个极端，低估总统的影响力，也将是错误的。

例如，赫伯特·胡佛在1929年3月就职无疑是非常不幸的，但与此同时，他针对华尔街股市崩盘和随后的"大萧条"所采取的应对之策在很多方面都是不折不扣的败笔。他抵制联邦失业救济等联邦救济的工作。他在之后1930年签署了《斯姆特–霍利关税法》（Smoot-Hawley Tariff Act），该法案对国际贸易造成极大的损害——1000多名经济学家集体签署了一份请愿书，警告他这是错误的。1931年，随着美国经济陷入困境，胡佛又签署了一系列大幅增税法案，以遏制预算赤字。因此，胡佛虽然是不幸的，但他没能阻止经济衰退并致使其演变成更严重的萧条。他可能是被当时盛行的正统经济观念——对自由市场的信仰——绊住了脚步。胡佛在自己的回忆录中声称，他的财政部部长安德鲁·威廉·梅隆（Andrew William Mellon）认为应该让经济衰退顺其自然："清算劳动力，清算股票，清算农民，清算房地产。这将清除经济体系中的糟粕。生活的高成本和奢侈生活的高成本将会下

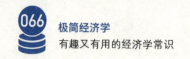

降……有进取心的人会从能力较弱的人那里捡起他们的残骸。"[1]

当失业率飙升到了20%时，尽管随之出台了一些补救举措以提供联邦支持，但胡佛还是成了"大萧条"时期最严重的代名词。由失业者和无家可归者建造的棚户区被胡佛的反对者称为"胡佛村"——这个名字沿用至今。

在比较总统或政党的经济记录时，到底有多少经济数据可以归因于总统？首先，经济受到私营部门业绩的强烈影响。经济的长期增长率在很大程度上取决于生产率增长和技术创新。所以总统对经济长期增长率的影响非常有限。由于洗衣机、汽车等节省劳动力的设备以及计算机技术的发展，生产力在第二次世界大战结束后迎来了显著提高。这些技术创新不是一位总统的政策的结果，而是私营部门创新的结果。

自2007年以来，人们一直担心生产率在全球范围内的增长出现了放缓。一些人推测，这是因为我们现在看到的技术进步没有以前的技术进步那么显著。计算机等领域的技术进步实现了生产率的指数级的快速增长。人工智能和互联网听起来可能令人印象深刻，但实际上，推动生产率和经济增长方面巨大飞跃的却是电报、电话和电力等更简单的技术。当然，一位总统可能促成一种鼓励技术创新的氛围——在第二次世界大战期间，强有力的政府干预带来了巨大的技术进步——但一般来说，企业和发明家不会受总统的影响，而是遵循自己的动机和主动性。

经济政策的另一个方面是，一位总统的政策和该政策的实际影响之间可能存在明显的时滞。例如，如果一位总统实行私有化和放松管制等有效的供给政策，这些政策的影响（无论是好的还是坏的）在数年内是看不到的。这些政策的影响渗透到整个经济之中需要时间。宏观经济政策也是如此。如果一位总统为强劲的经济增长创造了条件，这些政策的动量（这里指政策从颁布到实施的过程）可能会持续数年之久。操纵经济有点像操纵一艘笨重的大船。如果这艘船在一个方向上有很强的动量，你转动船舵，船的方向不会立刻改变。

当特朗普在2016年当选美国总统时，美国的经济表现相当不错。经济增长强劲，失业率持续下降，出现了新的就业机会。在2017年第一季度，特朗普宣称美国经济的这一强劲表现是自己的功劳。然而，有两点值得注意。首先，于2017年第一季度公布的经济数据实际上反映了2016年奥巴马执政时期的经济情况。其次，在当选一个月后，特朗普还没有时间对经济产生任何重大影响（无论是积极的还是消极的）。2017年的美国经济状况确实反映了前几年的经济势头。因此，有人主张，美国经济在2017年至2018年相对强劲的表现既是现任政府的功劳，也是前任政府的功劳。

经济的另一个方面是，宏观经济政策这一真正艰巨的任务根本不是政治家们实施的。在大多数西方经济体中，最重要的工具——货币政策——实际上是由独立的中央银行实施的。中央银行的目标是低通胀、稳定的经济增长和低失业率。如果总统实施了减缓经济增长的政策，这可能会被中央银行"宽松"的货币政策所抵消。例如，如果总统提高税收并削减政府支出，这可能会导致经济增长放缓。然而，作为回应，中央银行可能会降低利率或印制货币，这两种做法都会增加需求。正如为了应对新冠肺炎疫情导致的经济增长放缓，美联储表示将采取一切必要措施，以实现经济复苏和正通货膨胀。

美联储改变利率和印制货币的行为对经济的影响可能比当选总统对经济的影响大得多。同样，我们可能会责怪政客们没有阻止21世纪初的经济或信贷泡沫——这导致了2007年至2009年的信贷紧缩。在某种程度上，这一谴责是正确的；有远见的政客们本可以对抵押贷款和银行业务实施更好的监管。但你可能辩称，更大的罪责在于美联储，它在21世纪初推行了相对宽松的货币政策——鼓励抵押贷款，并且没有将房地产泡沫视为一个问题。正如前文所述（见本书第38页），人们曾经认为格林斯潘在管理经济方面几乎是万无一失的，但在2007年之后，他的声誉急转直下。可以说，他的种种行为产生的影响胜过了美国总统的行为的影响。

信贷紧缩同样提供了一个关于时滞的好例子。在20世纪80年代，美国和英国都热衷于取消信贷管制并使金融市场自由化。在20世纪八九十年代，这些影响相当温和。但是，到了2007年，这些20世纪80年代的政策产生的影响开始显现。金融衍生产品、信用违约互换和抵押贷款业务出现了意想不到的增长，给那些与20世纪80年代的立法毫无关系的政客们带来了许多问题。

本节内容似乎暗示了总统对经济的影响可能很小，但有一些例外情况值得注意。1929年，一系列重大的政策失误将美国推入了"大萧条"的深渊——而2007年至2009年的信贷紧缩同样有可能引发另一场大衰退。然而，自20世纪30年代以来，经济政策一直在不断演变。在世界范围内，各国政府纷纷采取措施为银行系统提供担保，并做出一些财政政策回应。例如，美国的银行得到了重大的救助。奥巴马在2009年当选总统时为美国汽车产业提供了救助，并通过了某种扩张性财政政策。上述三种政策都促使美国迎来了比欧洲更为强劲的经济复苏，相较于美国，欧洲国家更不愿对经济进行干预。如果没有这些政策的实施，美国的经济形势原本可能会更糟，且失业率可能会更高。然而，在2010年，奥巴马总统所在的民主党在中期选举中失利——大概是因为"经济形势原本可能更加糟糕"很难成为一个伟大的政治口号。

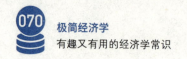

13. 涓滴效应

涓滴效应（Trickle-Down Effect）指出，当社会中最富有的人的收入增加时，每个人都将受益。换句话说，我们不应该担心富人变得更富，因为这些财富中的一部分将缓慢向下渗透，并提高所有社会成员的经济福利。涓滴效应与里根的经济政策以及20世纪八九十年代的自由市场改革息息相关。弗里德里希·哈耶克（Friedrich Hayek）、米尔顿·弗里德曼（Milton Friedman）和阿瑟·拉弗等经济学家认为，涓滴效应意味着我们不应该将注意力放在降低收入不平等上，而是应该关注如何提高总体收入。我们不应该试图更加平等地分配蛋糕，而是试图创造一个更大的蛋糕，从而让每个人都更加富裕。涓滴效应被用来证明所得税削减、私有化和金融服务自由化等政策的合理性。

其中的论点是，富人财富的增长意味着他们将增加消费支出。首先，这将导致对商品和服务的更高需求，并在经济中创造额外的就业机会。例如，超级富豪将愿意雇用司机和私人助理，这将为工人阶级创造新的就业机会。其次，随着财富的增加，富人将更热衷于商业投资，这将创造工作岗位并推高工资。例如，随着亚马逊公司股价的上涨，杰夫·贝佐斯（Jeff Bezos）大幅扩大了亚马逊的运营范围，投资新的产品和仓库，并围绕经济创造了新的就业机会。然后，随着富人的财富增加，他们也会支付更多的税款——所得税、支出税、公司税。例如，在美国，收入最高的1%家庭（年收入超过515 371美元）支付了大约38%的联邦所得税。

这一较高的税收收入将使政府能够在教育、医疗和社会保障领域加大投入。并将给每一位社会成员带来间接的好处，尽管直接的联系并不明显。政府税收对于提供社会福利网络至关重要，而社会福利网络提高了失业者的生活水平。此外，富人收入的增加将导致"乘数效应"。如果一位富人雇用了一名新司机，那么得到工作的司机也会支出一定的钱，从而增加对餐馆和酒吧的需求。

19世纪末至20世纪上半叶，有相当多支持涓滴效应的证据。像福特汽车和通用电气这样的大公司取得的成功推动了企业主和高级管理人员收入的增长，在这一时期，经济增长的收益不仅仅流向了最富有的10%人口。不断增长的经济导致了实际工资的显著上涨。随着福特汽车公司的盈利能力越来越强，亨利·福特提高了工人的实际工资，这导致了工人生活水平的提升。当工人的实际工资大幅增长时，他们对消费品的需求进一步增长，从而使商业进一步受益：福特汽车工人是第一批买得起汽车这一"奢侈品"的体力劳动者。这是一场真正的革命，而且，工资上涨给公司和高层管理人员带来了巨大的好处。随着工人和中产阶级收入的增加，他们对汽车等产品的需求也大幅上升，由此形成了需求和工资双双上涨的良性循环，而社会各阶层都从这一循环中受益。1900年到1980年，当最富有的10%人口变得更富有时，不平等现象实际上减少了，这表明确实存在有益的涓滴效应。

然而，自1980年以来，有关涓滴效应的证据变得更加难以捉摸。我们看到的不是收入不平等的下降，而是相反的情况——贫富差距不断扩大。最富有的10%人口的收入和财富显著增加，而低收入群体愈发被甩在后面。问题是，富人愈发富有并不能保证他们的财富增长会向下渗透。首先，当百万富翁获得更多收入或财富时，他们不一定会花掉额外的收入。事实上，他们不需要马上花掉这些收入，所以他们额外收入中的很大一部分被存起来，投入股市或用于购买住房等资产。而这种收入增长并不一定会惠及低收入从业者或失业者。在某些情况下，这种收入增长实际上可能会损害人们的生活水平。例如，当富人的收入和财富增加时，他们可能会购买更多的资产，比如房产。这可能导致房价的上涨速度超过通货膨胀率，使年轻人和低收入者更难买到房子。因此，随着住房被富人购买和房价上涨，低收入者可能面临更高的租房成本。在21世纪初期，"租房一代"（Generation Rent）一词被创造出来，用以描述那些无力买房而且必须将可支配收入中的很大一部分用于租房的年轻工人。这在一定程度上是富人财富迅速增长的结果。

　　涓滴效应理论的另一个问题是公司和富人可以实现的避税程度。例如，苹果公司就是一家非常赚钱的公司，它拥有很高的品牌忠诚度，并收取高昂的价格。从理论上讲，随着苹果公司取得更多利润，这些利润将通过更多投资和创造就业回流到经济体中。然而，苹果公司成功积累了超过2000亿美元的现金储备！且他们的现金储备中有很大一部分存放在百慕大等地的离岸银行账户中。因此根本就不存在同样的涓滴效应。国际货币基金组织估计，每年全球避税导致的企业税收收入损失为5000亿~6000亿美元，因此这些税收收入的潜在涓滴效应并未实现。自20世纪五六十年代以来，全球化使资本流动性得以增强，而有资源避免交纳税款的正是高收入者和富人。经济学家詹姆斯·S.亨利（James S.Henry）估计，截至2015年，个人在避税天堂的存

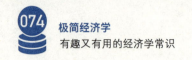

款高达36万亿美元，存放在这些避税天堂的财富并不会产生涓滴效应。

不过，涓滴效应的产生可能取决于相关个人和企业。例如，比尔·盖茨承诺将自己的大部分财富用于世界各地的慈善项目。在这种情况下，存在一种非常真实的涓滴效应——不仅是从富人传递到低收入工人，而且从最富裕的国家（美国）传递到受益于资本流动和投资的发展中国家。

经济学家托马斯·皮凯蒂（Thomas Piketty）对涓滴效应持怀疑态度，他指出，近几十年来，我们目睹了一种比涓滴效应更接近于现实的现象——富人越来越富，而低收入者的生活水平停滞不前，甚至每况愈下。皮凯蒂表示，财富往往只会产生更多的财富，而不会向下渗透。2018年，当美国公司受益于企业税削减时，股票回购大幅增加。换句话说，公司不是用本应缴纳税款的钱来创造就业和投资，而是用来购买本公司的股票——增加股票价值并使支付更多股息成为可能。当最富有的1%人口的薪水迅速增长时，就会出现某种涓滴效应，原因是商品消费水平将会提高，这将创造一些工作岗位。但收入增长中的最大部分往往被作为储蓄或用来投资资产和房地产。而且，这些储蓄和投资并不会下渗到低收入群体。

那么富有的慈善家呢，他们的活动会产生涓滴效应吗？在19

世纪末，美国最富有的人——安德鲁·卡内基和约翰·D.洛克菲勒——开始将自己的大量财富捐赠给慈善事业。卡内基建立了一家盈利的钢铁公司，他冷酷无情地支付低工资并收取高价格，其表现得像个垄断者。这种行为显然限制了涓滴效应；他在囤积自己公司创造的财富。然而，他在1901年卖掉了自己的钢铁公司。到18年后去世时，他已经向慈善事业捐赠了48亿美元（按2020年的物价计算是720亿美元），建立了若干图书馆和大学。

　　然而，慈善事业的涓滴效应很容易被高估：世界上50%的财富由1%的人口拥有。据估计，各慈善基金会手握1.5万亿美元。然而，很多精英慈善事业都涉及对精英事业的捐赠，比如对著名大学、私立学校和精英艺术（如歌剧）的捐赠。直接减轻贫困只是慈善事业一个很小的组成部分。慈善家也可能向自己支持的政治事业捐款，无论是支持右翼政治事业的科赫家族（Koch family），还是支持自由主义事业的乔治·索罗斯。从这个意义上说，慈善事业的好处备受争议。

　　当一个经济体实行累进税制并存在参加工会的工人和共享财富的共识时，就会出现涓滴效应。然而，近几十年来，涓滴效应的范围变得更加有限。原因包括（对收入和财富实行）较低的累进税制、工会力量和参加工会的工人力量下降、更加灵活的劳动力市场以及全球化进程，该进程使得通过离岸账户避税变得更容易。

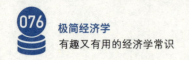

24. 通货膨胀

通货膨胀衡量生活成本的变化，即物价上涨的速度。在通货膨胀时期，货币的价值不断下降，这就是为什么通货膨胀会损害那些拥有储蓄的人。例如，在1925年，你可以仅花260美元就买到一辆汽车——福特T型车。而如今，由于通货膨胀，260美元也许只能买到4个轮胎。

每年3%的物价上涨可能会给我们带来麻烦，但这并不是一个大问题，我们可以很容易适应。然而，极高的通货膨胀率则会摧毁经济。当通货膨胀率超过100%时，货币将迅速失去价值。持有现金储蓄的人将看到储蓄的真正价值在蒸发，并对经济体系的信心可能开始动摇。

当年通货膨胀率超过100 000%时，正常的经济活动就会崩溃。如果过快的物价上涨导致货币无法再被信任，货币持有者就会尽快购买可以保值的资产。恶性通货膨胀最著名的例子发生在1923年的德国。为了继续支付工人的工资，德国政府不停印制更多货币。可以预见的是，这导致了极高的通货膨胀，而唯一能让工人满意的方法就是印制更多货币，从而导致了更高的通货膨胀。其结果是正常的交易中断了，许多人求助于易货经济。人们试图把钱转到任何实物上，而不管它们是金属还是像纽扣和棉花这样的小玩意儿。人们一拿到工资就冲到商店去买面包，因为面包的价格在一天结束时会比当天开始时更高。

高通胀同样导致了大规模的财富再分配。中产阶级储蓄者多年来辛辛苦苦地储蓄，却发现自己的储蓄在短时间内变得一文不值。具有讽刺意味的是，极高的通货膨胀会使那些债台高筑者受益——不断上涨的工资和物价使偿还债务变得容易很多（债务的数值保持不变且并不上升）。虽然并不是所有人都在德国的恶性通货膨胀中蒙受了损失：那些拥有实物资产、土地、公司或股票的人实际上可能看到了财富的增长。但是，货币价值的下降是一种痛苦的经历，并导致了根深蒂固的怨恨。德国恶性通货膨胀的代价是助长了不满情绪，这种不满情绪导致希特勒崛起并在10年之后（1933年）掌权。80年后的今天，德国恶性通货膨胀造成的伤疤仍然可以从欧洲央行（ECB）的反通货膨胀倾向中看出来。

还有关于恶性通货膨胀的其他例子，比如2008年的津巴布韦（见本书第55页）；1946年的匈牙利，该国物价在当年7月以每15.3小时翻一番的速度上涨，月上涨率达到百分之四千一百九十万亿（这是至今为止最极端的月通货膨胀）；还有1861年至1865年美国独立战争期间的美利坚联盟国（Confederacy States of America），美国独立战争结束时，曾属于美利坚联盟国管辖范围内的人民生活成本上升了92%。但这种恶性通货膨胀在发达经济体还是很罕见的。然而，人们对通货膨胀的担忧依然强烈，尽管这种担忧的程度要低得多。即使是适度的通货膨胀也会造成经济和心理负担。首先，如果通货膨胀率高于储户获得的利率，储户就会遭受损失。其次，高通货膨胀率创造了一种不确定和困惑的气氛，这种气氛可能导致风险规避行为。例如，如果通货膨胀率高且起伏不定，一家公司就可能难以确定未来的成本和需求，因此他们可能会削减投资。这一论点经常被用来解释为什么通货膨胀率低且稳定的国家往往拥有更好的长期经济增长率。此外，随着通货膨胀的加剧，消费者将承担菜单成本[①]。如果物价稳定，购物将十分容易，但如果物价经常变化，我们就需要花更多时间比较价格，弄清楚发生了什么。

通常，随着通货膨胀的出现，工资也会上涨，所以从理论上讲，工人不应该有损失。但是，即使工资在上涨，人们也不愿看到商品价格持续上涨。此外，没有什么可以保证工资永远与物价持平。2009年，一些国家经历了物价上涨（由于石油价格上涨）和工资下降的双重下行趋势。在这种情况下，通货膨胀将直接导致实际收入下降。最后，高通货膨胀会使一个国家丧失国际竞争力。如果希腊的通货膨胀率高于德国，希腊将难以向德国出口商

———————————

① 菜单成本指调整价格时所花费的成本。——编者注

品或服务，并将对德国出现长期贸易逆差，从而导致希腊经济增长放缓。

米尔顿·弗里德曼说过一句名言："通货膨胀是无形的税收。"这句话概括了人们对通货膨胀的反感，货币主义者对通货膨胀的反感十分强烈。弗里德曼暗示，政府可以牺牲储户（持有政府债券的人）的利益，利用通货膨胀有效地减少自身债务。他的话在20世纪70年代很有道理。

第二次世界大战结束之后，全世界所有的主要经济体都背负着大量政府债务。然而，储蓄者仍愿意以相对较低的利率购买政府债券，因为他们预期通货膨胀水平较低。如果通货膨胀率为2%，而政府为政府债券支付5%的利息，这将是一项不错的投资——你的实际利润为3%。然而，在20世纪70年代，通货膨胀率意外上升。比如说，人们购买了利率为5%的债券，但在1973年，美国的通货膨胀率迅速上升到了11%（图2-3）。这段高通胀时期使得降低政府债务在国民生产总值中的占比变得容易很多。政府实际上是在"利用通货膨胀消除债务"。但是，在政府获益的同时，债券持有者却蒙受了损失。5%的利息无法弥补11%的通货膨胀率导致的债券价值的下降。债券持有者获得的实际利率为-6%（5%-11%）。

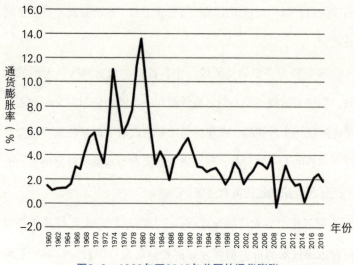

图2-3 1960年至2018年美国的通货膨胀

　　利用通货膨胀来降低政府债务价值的问题在于，你只能侥幸成功一两次。如果一个国家以通货膨胀而闻名，除非债券收益高到足以弥补通货膨胀的风险，否则投资者将不会购买该国的债券。然而，对于一个面临巨额债务的政府来说，利用通货膨胀来降低自身债务实际价值的做法始终是一种诱惑。

　　另一个有关通货膨胀的问题是，尽管通货膨胀代价高昂，但在选举前追求通胀性增长对政府来说还是很有诱惑力的。一个想要暂时受到欢迎的政府可以采取扩张性货币政策或财政政策，这包括降低利率和（或）减税。随着利率的降低，借款人和房主将拥有更多的可支配收入。他们感觉生活更加富足，就会增加支出。这种支出增长带来的影响是，它将导致更高的经济增长和更低的失业率。正是这种经济形势使得选民更有可能认可政府的经济成绩。

然而，追求更快的经济增长存在一个问题——它往往会导致通货膨胀。随着消费需求的增长，企业的反应是推高价格。随着失业率的下降，工人可以要求更高的工资。换句话说，推动短期经济增长的问题在于这么做会导致通货膨胀。短期内，更高的经济增长的好处可能比缓慢的通货膨胀更加明显，因此，如果现任政府选择的时机得当，它就将在强劲经济的基础上再次赢得选举，因为选民并未真正注意到通货膨胀。然而，问题是选举过后，通货膨胀开始进一步攀升。这种快速的经济增长是不可持续的，因此政府当选后需要降低它造成的通货膨胀。利率在选举后上升，经济繁荣转为萧条或衰退。这种经济增长也被称为"一段时间的发展之后紧接着出现的停滞"。经济增长超出了自身的潜力，但通货膨胀使经济再次陷入停滞。在第二次世界大战结束之后，一些西方经济体经历了这种繁荣与萧条交替的经济循环，人们普遍同意，不能指望政客将通货膨胀保持在低水平。追求更高增长的政治动机总是存在的——如果这一动机导致了通货膨胀，那将是以后的问题。

由于这种政治性商业循环，许多经济体现在已经把控制通货膨胀的权力从民选的政客手中移交给非民选的央行行长。在欧盟，货币政策是由独立的欧洲央行制定的，欧洲央行的目标是将通货膨胀率保持在2%以下。当央行掌控货币政策时，出现需求拉动型通货膨胀的可能性就会降低。因为央行不需要赢得选举，所以央行不会为了一时的政治私利而让通货膨胀率上升。但不利之处是，最重要的经济政策是由央行行长执行的，而这些央行行长并不是经选举产生的，因此他们的能力会决定经济的成败。

15. 汇率

汇率衡量的是一种货币相对于另一种货币的价值。汇率波动会对消费者、企业、经济增长和国际收支产生重大影响。强势汇率即升值的汇率对经济而言具有某些好处。例如，如果美元升值，美国人就可以用相同数额的美元购买更多进口商品。强势汇率可以提高生活水平，原因是消费者可以从国外购买更多商品。对于那些想到国外度假的人来说，强势汇率也是一个好消息：你的货币汇率越强势，在国外度假就越便宜。此外，由于强势汇率的存在，企业会发现原材料也更加便宜，这有助于降低生产成本。更低的生产成本和进口价格将降低通货膨胀水平。此外，随着美元升值，这会给美国出口商带来长期刺激，促使他们削减成本、提高效率，从而保持竞争力。最后，"强势"汇率在政治上可以被看作是"强势"经济乃至"强势"政府的表现。在历史上，各国政府曾多次保护本国货币的价值，以展现稳定和强大的形象。

然而，尽管强势汇率具有各种潜在优势，但各国政府可能会试图走另一条路——实行汇率贬值的政策。贬值指降低本国货币相对于其他国家货币的价值。贬值一种货币的主要动机是为出口商提供竞争优势。

假设美元和日元之间的汇率为1美元=100日元。但随后美元贬值，使得1美元=70日元。此时，美国人购买一件价值700日元的商品将不得不支付更多美元。最初，他们购买该件商品只需要7美元。但是，在1美元=70日元的汇率下，他们需要支付10美元。进口成本的提高导致进口商品相对升值，人们对进口商品的需求降低将减少进口支出。

然而，对美国企业来说，他们出口的商品现在将更具竞争力。如果一件商品的价格是20美元，那么日本消费者在过去需要为此花费2000日元。但现在，在美元贬值之后，该件商品只需要1400日元。

因此，美元贬值将导致对美国商品的需求增加。此外，随

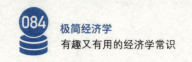

着美国出口增加、进口减少，贸易赤字（经常账户赤字）将得到改善。

　　如果美国制造业企业因为廉价的进口商品而陷入困境并面临倒闭的风险，那么美元贬值政策可能是促进出口企业发展的一种有效短期战略。货币贬值10%可能足以让企业重新具备竞争力并保持盈利，从而保住制造业的工作岗位。这就是货币贬值在政治上具有吸引力的原因。这是一种相对轻松的战略，可能会迅速给一个关键的选民群体——政治影响力强大的出口行业——带来好处。

　　然而，如果一个国家的中央银行致力于削弱汇率，这也会产生一定的影响。为了降低货币的价值，中央银行会降低利率并增加货币供应。如果美国的利率下调，将钱存在美国的银行相对而言就没有那么大吸引力，因此全球以美元作为储蓄的需求将会下降。此外，美联储可以大幅增加货币供应，这将最终导致通货膨胀。如果美国的通货膨胀增速快于其他国家，美国商品将会失去竞争力，因此对美国出口商品的需求将会减少，从而导致对美元的需求降低，这同时也将导致美元贬值。

　　那么，如果疲软的货币能带来更高的经济增长，为什么更多的国家不将本国货币贬值呢？首先，奉行弱势货币政策往往会引发通胀压力。进口商品将更加昂贵，生活成本将会上升。对于进口大量原材料（如石油）或食品的国家而言，这尤其是一个问题。其次，出口竞争力的提高可能是短暂的。最初，由于货币贬值，出口商品更具竞争力，但如果货币贬值导致通货膨胀，随着物价回升，这些收益将逐渐减少。第三个问题是，货币贬值并不是所有国家都可以推行的政策。你需要另一种货币来实现本国货币的贬值。假设美元对人民币贬值：美国将获得暂时的竞争优势，但中国可能通过贬值本国货币以重新获得竞争优势。因此，我们最终可能会陷入一种被称为"竞争性贬值"的局面，在这种局面下，各国都在争取使出口产品相对他国产品而言更加便宜。这是零和博弈的一个经典例子——你只能通过让另一种货币升值来贬值本国货币。只有让贸易伙伴的竞争力降低，你才能变得更具竞争力。所以你的贸易伙伴可能不喜欢你的"以邻为壑"政策（见本书第29页）。由于所有这些原因，竞争性贬值很罕见，或者往往是短暂的。

和汇率有关的另一个问题是，货币贬值或升值的好处取决于许多因素，特别是经济状况。例如，在20世纪30年代，世界上的几种主要货币是金本位制的一部分，这导致了固定汇率。然而，当"大萧条"来袭时，许多国家面临着汇率被高估和货币政策空间有限的问题。1931年，英国被迫退出金本位制，并将英镑贬值。英镑的这一贬值有利于英国经济，使出口商品更加便宜，有助于促进经济增长。此外，通货膨胀在经济萧条时期并不是一个主要问题，所以通常关于货币贬值会加剧通货膨胀的担忧是站不住脚的。2012年，欧元区中的许多南欧国家都在苦苦挣扎——经济增长缓慢，失业率高，财政赤字庞大。葡萄牙、意大利、希腊和西班牙——这组经济体经常被戏称为"金猪四国"（PIGS）——等国的通货膨胀率高于德国和北欧国家，因此它们的出口竞争力下降，导致经济增长放缓。然而，这些南欧国家无法让货币贬值，因为它们使用的是欧元区共同货币。因此，它们实际上被高估的汇率困住了，并且什么也做不了。这种被高估的汇率是这些国家的经济在21世纪头几年里经济长期低迷的一个因素。而英国、美国和日本等实行浮动汇率制的国家则具有更大的灵活性。如果货币价值被高估，市场力量将倾向于降低货币价值并恢复竞争力。

16. 财政救助

如果一家企业面临倒闭的危险，政府是否应该介入以保护该企业并挽救工作岗位？

自由市场经济学家普遍对政府干预以"拯救"濒临倒闭的企

业持非常谨慎的态度。他们认为，丧失盈利能力是企业效率低下或企业处于衰落行业的标志。试图用政府补贴来拯救这家企业，结果往往会"想要挽回损失，反倒搭进去更多"。如果这家企业即将倒闭，自由市场经济学家会问：为什么仅靠政府补贴就能让这家企业扭亏为盈？还有一个问题：如果一家即将倒闭的企业开始依赖政府补贴，这家企业有可能会努力游说政府维持补贴，而不采取必要的强硬措施进行重组从而使企业能够长期生存下去。

约瑟夫·熊彼特（Joseph Schumpeter）创造了"创造性破坏"（Creative Destruction）这一术语，它指的是资本主义不断进行自我更新的本质。在熊彼特看来，允许效率低下的企业倒闭是使资源得到更高效和更高产利用的一个关键因素。例如，在20世纪80年代，许多欧洲和美国的煤矿效益越来越低且难以盈利。这使许多工作岗位面临风险，各国政府不得不做出决定：是提供可以使煤炭企业继续挣扎几年的救助，还是认为关闭一家煤炭企业可以加速资本和劳动力转向利润和创新程度更高的其他行业（如可再生能源）。同一时期，英国和美国基本没有对亏损行业进行救助，大量企业因此倒闭。而煤炭行业还存在一个额外因素，即试图拯救煤炭企业（正如美国在某种程度上选择做的那样）只会鼓励高污染行业继续存在下去。

政客们面临的问题是，一家知名企业的倒闭会导致备受瞩目的失业。从政治角度来看，工人们恳求政府拯救他们的工作和企业是一件引人注目的事。如果该行业具有战略重要性，那么政府干预的理由可能更有说服力。例如，如果一家国有航空公司——如瑞士航空（Swissair）或法国航空（Air France）——陷入困境，出于声誉原因，政府可能会认为自己应该保护这个行业。允许你的国家航空公司倒闭会让人对你的经济留下负面印象。此外，一些行业——如农业、国防和制造业——可能会声称自己生产的产品符合国家利益。与其完全依赖进口食品，政府更希望救助大型农业部门，这样该国才能继续生产自己的食品。如果一个国家的关键商品和服务依赖进口，那么它可能会在危机或冲突时期受到威胁，就像第二次世界大战期间，英国的食品供应因海上封锁而中断。

然而，尽管存在这些论点，但政府干预也伴随着巨大的机会成本。假设政府出资保护一个濒临破产的行业，在这种情况下这些钱就不能用于更有成效的支出领域，例如为失业工人提供再培训计划，以帮助他们在新的经济部门找到新的工作。此外，如前所述，通过维持一个效率低下的企业，政府间接阻碍了劳动力和资本流向效率更高的行业。

几乎没有经济学家（就算有的话）认为应该对亏损企业实行全面补贴。然而，也可能存在不那么明确的情况。例如，在严重的经济衰退时期，一些企业可能面临收入的巨大损失，并且可能因为经济衰退所造成的困难而被迫倒闭——这些困难只是暂时的。例如，到2009年，通用汽车和克莱斯勒等美国汽车制造商距离破产只有一步之遥。部分原因是这些公司长期以来无法与欧洲和日本的汽车企业竞争，但更重要的原因是，2009年的经济衰退抑制了市场对美国企业生产的豪华汽车的需求。围绕是否救助这些汽车企业，曾有过一场激烈的辩论。一些经济学家认为政府不应该把纳税人的钱浪费在一个正在衰落的行业上。相比之下，其他经济学家则坚称，美国汽车产业的效率并未低下到无可救药的地步，而是拥有许多强势资产。因此，临时救助可以挽救就业，并给汽车行业时间进行自我改造。

最后，在经济学家拉里·亨利·萨默斯（Larry Henry Summers）的建议下，奥巴马同意向美国汽车行业提供资金救助。萨默斯在权衡利弊后认为，允许汽车企业倒闭将导致大量失业，甚至导致更严重的经济衰退。萨默还认为，这些汽车企业有可能积极利用救助资金来提高生产率和效益。出乎意料的是，美国汽车行业不仅实现了强劲复苏，各家企业还得以偿还580亿美元的初始补贴。政府有净成本，但政府的净成本必须与保障就业的需要和允许公司倒闭的经济成本相权衡。可以说，事实上，问题不在于救助，而在于救助的慷慨条款。经济学家艾伦·本内

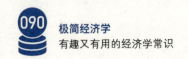

特·克鲁格（Alan Bennett Kreuger）最初对政府救助汽车行业持怀疑态度——部分原因是此前的重组尝试以失败告终。他后来承认，政府救助比他预期的更加成功，并建议经济学家可以不要那么教条地反对政府救助。

现在让我们来看看政府对银行的救助。2008年，美国投资银行雷曼兄弟（Lehman Brothers）破产。让人大感意外的是，美国政府并没有出手干预，而是任其倒闭。这引发了全球性的恐慌。突然间，人们对银行系统失去了信心，许多商业银行开始陷入困境。在英国，储户在北岩银行（Northern Rock Bank）等银行排队提取存款，原因是他们担心银行会破产。问题是，各家银行没有足够的现金储备，因为它们把钱贷出去了。而只有当人们相信自己的储蓄不会出现损失时，银行系统才能得以运转。因此政府和央行需要出手干预，以保证各家银行不会出现现金短缺。结果是英国和美国对主要银行进行了救助，并提供了金融支持。自20世纪30年代的"大萧条"以来，这种银行恐慌还是头一次出现。

"大萧条"时期由于没有国家干预，当银行资不抵债时，它们就会倒闭，人们就会损失自己的储蓄。在美国，有500家中型银行在1929年至1932年间倒闭。这一系列的银行倒闭导致了货币供应的急剧下降、信心的丧失以及支出和投资的下降，结果成为人们记忆中最严重的经济萧条。银行破产与"大萧条"之间的这种联系意味着，政府有强大的理由对银行实施救助——否则，经济衰退可能会变得更糟。

各国政府面临的问题是，选民可能会合理地问这样一个问题：为什么不配得到救助的银行家值得救助，而普通制造业企业却不值得救助？2007年至2009年信贷危机的一个悲剧性讽刺是，主要的救助资金流向了那些风险偏好的银行，而正是这些银行造成了大部分经济问题。因此，许多普通企业可以合理地认为，自己是银行业不计后果的行为的无辜受害者。

为银行提供救助还存在另一个问题——道德风险。事实上，如果你保证为银行提供救助，救助就能改变银行的运行方式。救助可以鼓励银行家冒险。如果风险得到回报，银行就能获得更多利润；如果风险得不到回报，银行就会亏损，而纳税人将为银行的亏损提供救助。这就是正面我们赢、反面别人输的情况。道德风险意味着一些经济学家认为应该让投资银行倒闭。但是，在雷曼兄弟倒闭带来的冲击之后，只有勇敢的政客才会允许银行倒闭：无论这多么令人不快，另一种选择——对银行体系丧失信心——甚至更糟。

在某种程度上，有一种方法可以避开这个困境，政府应该让银行将普通存款账户和风险更高的投资银行业务分开。这样一来，政府只需要救助和保护家庭储蓄，而不是高风险贷款和投资

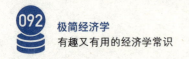
银行决策。

　　总而言之，在某些情况下，政府救助可能是合理的，特别是当企业在暂时的危机中陷入财务困境。但是，对于处于长期衰退中的行业，政府救助通常无法解决根本问题，而只会推迟不可避免的问题。政府最好是尝试帮助刚失业的人走上生产效率更高的新工作岗位，而不是支持即将倒闭的企业。

17. 经济衰退

　　经济衰退是指出现经济负增长和高失业率的时期。经济衰退的一种定义是国内生产总值连续两个季度（即6个月）出现负增长（图2-4）。经济衰退会导致各种经济成本。首先，经济产出比之前减少，因此平均收入将会下降。如果每个人的收入都下降2%，问题并不会那么严重，但经济衰退往往会造成不平等的收入下降。经济衰退的最大问题是失业率的上升。随着需求不断下降，一些企业将会倒闭，使工人变得多余。其他幸存下来的企业将更不愿意招聘。失业者不仅要承担失去工作和缺少个人声望的个人成本，还要承担失去稳定收入的经济成本。严重衰退将产生许多连锁反应，使最初的衰退变得更加严重，并给克服衰退带来困难。例如，如果房主失去了他们的工作，他们可能难以偿还抵押贷款，并可能失去自己的住房。那些害怕失去工作的人会推迟购买新房的计划，因此房价将会下跌，导致财富的进一步损失和信心的进一步丧失。在2007年至2009年的经济衰退中，房价下跌十分严重，致使银行的损失开始增加，因为银行收回的房屋价值低于最初的抵押贷款。这导致银行放贷减少，从而导致投资下降。

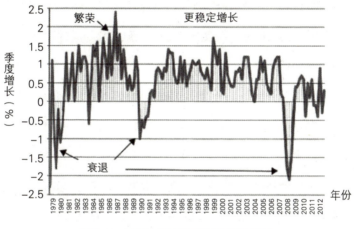

图2-4　1979—2012年英国的经济增长

随着失业率上升，经济衰退还会导致信心的丧失。即使是那些仍有工作的人也可能担心自己会失去工作，因此经济衰退往往会导致人们削减支出并增加储蓄。在正常情况下，增加储蓄可能是有益的，但具有讽刺意味的是，在衰退期间，人们增加储蓄、减少支出的反应可能导致消费支出大幅下降，从而使经济衰退更

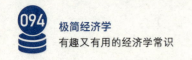

加恶化。这就是凯恩斯描述的节俭悖论（见本书第27页）。

　　虽然个人储蓄通常会在经济衰退期间出现增长，但政府的预算状况将会恶化。随着个人的收入下降，政府的收入也将减少，原因是所得税和支出税降低以及公司缴纳的公司税减少。与此同时，政府将面对失业救济和其他与低收入相关的财产审查性福利申请数量的增长。在不改变税率的情况下，政府借款通常会在经济衰退期激增。这让政府陷入了两难的境地。更高的政府借款将增加公共部门的债务，而政府可能希望通过提高税收和（或）削减开支来降低借款水平——但试图在经济衰退期减少赤字很可能会使衰退更加严重。1931年，英国政府提高税收并削减失业福利，试图平衡预算，此举加剧了"大萧条"的影响——因为英国政府可以支出的资金更少了。在2007年至2009年的"大衰退"之后，许多受到刺激的欧洲国家实行"紧缩"政策——实质上是削减支出，以减少预算赤字。但此举被批评为阻碍了经济复苏，而且在许多情况下被证明是适得其反。更严重的经济衰退延长了正常税收收入的下降。

　　凯恩斯主义者对经济衰退的反应是让政府采取相反的做法——积极借款（见本书第51页）。他们认为，我们不应该在经济衰退时期担心政府债务，而是应该积极地增加支出，以刺激需求和增加经济活动。这是因为私营部门的储蓄增加了，而储蓄的增加意味着未使用的私营部门债务大幅增长。因此，在某种程度上，政府是在利用这些未使用的产能和储蓄。此外，如果提高政府支出能够成功地提高经济增长率，那么这将有助于增加税收收入，并使预算赤字随着经济增长而下降。

然而，实际上，商业周期经济学家却持有不同的观点。他们认为，凯恩斯主义对需求的观点是错误的，并坚持认为，衰退是正常经济周期的一部分——反映了生产力的可变增长率。因此，在经济衰退时期，最好是让经济自己复苏。政府干预通常是错误的，他们可能会加剧问题，而不是解决问题。例如，由于很难找到有价值的基础设施项目，在经济衰退时期增加的政府支出可能会被浪费掉，结果许多项目变成了累赘。其次，当经济衰退结束时，政府支出的增加可能很难降低。例如，美国政府在20世纪30年代的"大萧条"期间增加了对苦苦挣扎的农民的补贴。然而，当经济好转时，出现了一个强大的政治游说团体要求政府维持农业补贴，这些补贴因此继续增长，即使在90年后的今天依然让纳税人付出了巨大的成本。凯恩斯主义的批评者还认为，政府很难知道进行干预的方式与时机。等到官方统计数据显示经济衰退时，试图阻止衰退可能为时已晚。政府的政策存在时滞，所以如果政府增加支出，经济可能在受到影响时已经复苏，而政府支出只会"挤占"私营部门。挤占意味着更高的政府支出抵消了私营部

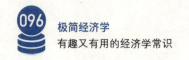

门的投资和支出——因此，总体而言，不会出现更高的经济增长。

对经济进行微调无疑是困难的。不过，大多数经济学家的确认为，由于私营部门支出下降，有必要在经济衰退时允许政府增加借款。如2009年2月，美国政府宣布了一揽子经济刺激计划，其中包括在基础设施、医疗、教育和失业援助方面增加支出。保罗·克鲁格曼等凯恩斯主义者批评政府太过胆小，认为政府应该借更多的钱。但从2010年起，美国经济的复苏速度快于欧元区，而欧元区几乎没有财政刺激政策，实行的往往是紧缩政策。而政府面临的困难在于，政府借款的快速增长可能被视为"鲁莽"或"不可持续"。经济学家往往更为乐观，因为他们认为，更高的政府借款与私营部门储蓄的增加有关。但就政治而言，创纪录的政府借款水平可能是一种政治负担，采取大规模财政扩张来对抗经济衰退似乎是一种风险。

幸运的是，各国政府也可以从货币政策（通常由中央银行实施）中得到帮助。例如，在2007年至2009年的"大衰退"期间，利率被下调至接近于零的水平。人们希望更低的利率会鼓励投资和消费支出，原因是借贷的成本下降了。然而，信心低落和低水平的银行贷款业务意味着预期的利益没有实现。因此，中央银行采取了印制货币（以电子方式制造）这一不同寻常的措施，试图增加经济中的需求。这一政策被称为量化宽松。但量化宽松的问题在于这一政策的实施方式。在量化宽松政策下，中央银行制造货币用以购买政府债券，但这往往有利于商业银行等大型金融机构，因为这些金融机构的现金储备得以增加。因此，额外的货币主要流向了银行，而没有下渗到普通人手中。

并不是每个人都把经济衰退看成一件坏事。经济学因为过分强调国内生产总值而经常受到批评——不断增长的产出并不总会增加经济和社会福利，因为更高的消费会导致污染、拥堵和对环境的破坏。在经济衰退时期，污染水平往往会下降，对环境的开发也会放缓。因此，提出与"社会是否应该如此重视国内生产总值和收入最大化"相关的问题是恰当的。然而，这些问题需要仔细的长期规划——污染的短期下降是不够的。经济衰退的主要问题在于，经济衰退会给那些失业或无法继续获得足够收入的人造成巨大的个人损失。理想的政策是避免经济周期的过度波动——避免经济的快速增长期，同时避免令人不快的国内生产总值收缩。

18. 健康还是经济——存在折中方案吗？

对于新冠肺炎这样的传染病，病例数可能呈指数上升。因此，为了减少传播，政府需要限制经济活动，比如限制商店里的顾客数量，限制旅行，甚至关闭某些营业场所，如餐馆、酒吧和健身房。施加限制措施会导致各种经济成本增加（产出降低、失业率上升），但也会改善与健康有关的局面：感染率降低、住院人数和死亡人数减少。因此，至少在短期内，政府似乎面临着健康和经济之间的取舍。施加限制措施，与健康相关的局面会得到改善，但经济状况会恶化。避免限制措施，经济不会受到过于严重的影响，但这是以更糟糕的健康局面为代价。这是一个没什么可羡慕的选择。

此外，经济限制措施本身可能导致长期的健康成本增加。更高的失业率会造成压力变大和健康问题。如果有更多的人陷入贫困，从长远来看，这将导致更糟糕的健康局面。在美国，工人可能会失去健康保险，并无法支付治疗费用。即使医疗保险得以保留，贫困加剧与糖尿病、心脏病和预期寿命降低等健康状况的恶化也存在密切联系。

经济限制措施还会导致经济增长率大幅下降，这将导致税收收入下降。政府将面临所得税、公司税和销售税的下降，与此同时，政府需要在失业救济方面支出更多资金。这种财政压力将限制政府在医疗保健方面的支出能力以及维持必要卫生服务以应对新冠疫情和各种与新冠疫情无关的健康问题的能力。有些人认为，我们需要保持经济开放，只有这样我们才有能力负担医疗保健费用的增长。

然而，健康局面和经济之间的这种权衡并不那么明确。首先，如果病例增加，人们会在特定环境中感到不安全，经济活动将会下降——在不考虑政府的限制的情况下。事实上，在英国，甚至在2020年3月因新冠疫情实施第一次封锁之前，就有报道称餐馆预订和音乐会门票销售被大量取消。显然，当新冠病例数量超过一定比例，且消费者觉得待在酒吧、俱乐部和餐馆里存在风险时，他们就会相应地改变自己的行为，对这些场所的需求就会下降。一些消费者的确会保持他们的行为并继续前往上述场所，但其他更倾向规避风险或此前出现过健康状况的消费者会决定留在家里，避免出行和社交环境。让经济恢复到正常经济活动水平的最佳方法是将病毒减少到人们可以安心恢复正常生活的水平。

2020年年初，瑞典是少数几个没有实行封锁限制措施的国家之一。有人建议保持社交距离，但停止正常经济行为的政府规定少之又少。因此，瑞典的新冠死亡率高出北欧邻国三倍，有趣的是，这对经济增长并没有带来明显的好处。2020年第二季度，瑞典国内生产总值下降了8.3%——下降幅度虽低于西班牙和意大利等受新冠疫情影响严重的国家，但仍比限制措施更加严格的北欧邻国严重。8.3%的降幅表明，即使在没有正式封锁要求的情况下，新冠病毒对经济增长的影响仍有可能是负面的。

　　然而，允许经济保持开放的另一个问题是，这一做法将增高的经济成本向后推迟。由于新冠病毒的传染性极强，病毒将以指数速度发展。指数速度意味着，有充分的理由进行早期限制，预防中后期所需要的更长时间且更严格的限制措施。一个极端的例子是，新西兰在新冠病毒水平很低的情况下实施了非常严格的封锁，其目的是实行零新冠病毒战略，从而真正消除新冠病毒。为期4周的深度封锁让病毒数量降为零，而在此期间，经济受到了严格限制。在零病例的情况下，经济可以完全重新开放。几个月后，新冠病毒再次出现，为了消灭病毒，经济再次被封锁。这一非常早且非常严格的限制措施使经济得以完全重新开放（尽管不允许外国游客入境）。

　　相比之下，试图尽可能长时间保持开放的经济体将面临病例数量的迅速增长。病例出现得越多，阻止病例呈指数级增长并将病例降至可控水平的难度就越大。政府可能希望避免实施任何封锁限制措施，但如果病例数量达到一定水平，医院将不堪重负。于是这一严重的健康危机向政府施加了压力，迫使其采取行动——姗姗来迟地实施限制措施。在这个时候，日病例数可能已达数万，这使得将病例数降至可控水平变得更加困难。例如，英国在相对为时已晚的2020年3月实施了限制措施，随后要求实施比其他行动更快的国家更长时间的封锁。因此，不及时实施的限制措施可能需要更严格的管理，持续时间也更长。

在用更严格的限制措施改善健康状况和导致经济产出下降之间，必定存在一个短期折中方案。但如果这个短期折中方案遭到忽视，那么从长远来看，最好的经济战略可能是尽早实施限制措施。

经济学家西蒙·雷恩–刘易斯（Simon Wren–Lewis，1953—   ）表示，健康和经济之间的权衡，类似于过去失业和通胀之间的经济权衡。在短期内，政府总是可以通过增加货币供应来降低失业率。增加的货币供应导致经济中需求的增加和失业率的下降。然而，这种短期内的失业率下降不太可能持续，因为更高的通胀意味着实际产出并没有真正改变。之后失业率恢复到自然水平，但通货膨胀水平却上升了。失业率的暂时下降只是海市蜃楼——从长期来看，这种权衡更糟糕。

政府可以在存在新冠疫情的情况下达到类似的目的——通过消除所有社交限制，经济将得到改善，但代价是病毒感染病例将会增加。随着病毒病例数量呈指数级增长，人们会自觉减少经济活动，政府将感到有必要重新引入限制措施，以防止医院出现不堪重负的局面。因此，经济规模再次萎缩，失业率回升。但现在折中方案对政府而言更糟——经济状况仍然很糟糕，但同时病例的数量激增。

当然，影响健康和经济局面的因素有很多。例如，成功对感染者进行检测、追踪和隔离可能与包括佩戴口罩在内的限制措施同样重要。此外，长期的限制措施可能会导致经济结构发生变化。例如，限制酒吧在深夜营业将导致一些经济部门出现很高的结构性失业。不过，从长远来看，一些存在社交距离的新部门可能会创造新的就业机会。

一些人声称，没有限制措施的好处是，社会最终会建立群体免疫。群体免疫一旦实现，就不会有任何负面的折中方案——健康和经济都可以恢复正常。然而，这带来了巨大的成本。即使是1%的死亡率，在美国也将导致328万人死亡，以及幸存者面临的所有其他长期成本。此外，科学家们高度怀疑群体免疫是否能够实现，因为已经有了再次感染的病例报告。各国政府面临着艰难的选择，但就经济而言，必须考虑一个长期战略，而不是仅仅担心没有更多必要的短期折中方案。

第三章

需要真正了解的经济名词

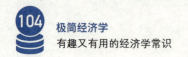19. 劳动分工

自从人类从狩猎采集的生活方式进化到居住在城镇以来，劳动分工就一直是人类社会的一个特点。从柏拉图、色诺芬[1]（Xenophon）到伊本·赫勒敦，哲学家和历史学家都注意到了这个概念。色诺芬表示，大城市的产品和服务在质量上通常优于农村地区的产品和服务，原因是城市能够使工人变得高度专业化，而农村地区的工人往往需要从事很多工作。"万事皆通，样样稀松"的现象正是劳动分工试图避免的，应当成为一名专家，更成功地完成一项工作。

然而，正是工业化进程将劳动分工带到了另一个层次。随着现代工厂的出现和新式机器的发明，企业主们意识到，如果给工人分配非常具体的任务，他们就可以显著地提高生产效率。劳动分工的好处是，工人几乎不需要培训就能够很快地掌握自己的任

---

[1] 色诺芬（前430—前354），希腊哲学家、军人、历史学家、回忆录作家，写过许多实用著作，涉及从骑术到税收等诸多主题。——译者注

务，并能够有效地使用一种特定的机器。

亚当·斯密在《国富论》中记录了关于劳动分工的著名例子。他注意到，大头针工厂的设计带有明显的劳动分工意识——工人被分配到从事大头针制造的特定工序岗位。一名工人可能只是把铁丝拉出来，另一名工人剪断铁丝，第三名工人打磨铁丝的顶端准备接针头。对亚当·斯密来说，这是革命性的；在此之前，工人的劳动分工可能是制作大头针，而不是务农。在那段时间，工人将缓慢而稳步地完成所有必要的阶段工作，并有望在一天结束时制造出一定数量的大头针。但是，在现在这种新的机械化过程中，产量呈现指数级增长。亚当·斯密计算得出，通过工人的分工，10名工人每天可以生产48 000枚大头针。如果让他们独自制造一枚大头针，他想知道他们一天能否制造出哪怕一枚大头针。

在当今的高科技世界，劳动分工程度只会继续增强。如果一个工人的任务是制造一部手机，这将被证明是不可能的。即使穷尽一个人的一生，也没有谁能够设计和制造一款智能手机所需的所有东西。因为制造一款手机涉及许多阶段、部件和技术工作，仅仅制造一部手机的过程可能就需要成千上万的人直接或间接地参与。

加速劳动分工进程的一个因素是大众消费的新时代。10名工人一天或许可以高效地生产48 000枚大头针，但如果对大头针没有如此高的需求量，这样的效率将毫无意义。在工业时代之前，对大头针等产品的需求相对较低，随着需求的增长以及企业需要生产更多产品，制造商面临着这样的压力：寻找更有效的方法来大规模生产产品。这一过程不仅仅是单向的：可以说，劳动分工和大规模生产本身创造了对消费品的更大需求，这些消费品比以前更便宜。

劳动分工的一个重要影响是，它带来了显著的规模经济效益。这意味着，随着产量的增加，平均成本将会下降。生产10枚大头针的平均成本很高，但如果将产量增加到48 000枚大头针，平均成本就将显著下降。如果工人高度专业化，企业就能生产更多产品——而且企业的产量越高，平均成本就越低。

汽车的发展就是一个很好的例子。在汽车产业的起步阶段，一组工人会一起工作制造一辆汽车。他们会拿来所有的原材料，并在同一个地点制造汽车。结果是，早期的汽车很贵，它是富人的专属品。实业家亨利·福特看到了简化汽车生产过程的机会并开发了一条生产流水线：一辆汽车的生产从一个地点开始，然后经过工厂的各个区域，在工人之间移动，这些工人从事非常具体的工作，比如安装车轮，给汽车上漆，安装方向盘。一名工人不再需要非常熟练地了解如何制造一辆汽车，而是可能一整天只是在拧紧铆钉——这极大地提高了汽车生产效率。新的福特工厂可以每天生产大量汽车，而不是每周生产少量的汽车。随着汽车产量的显著增加，平均成本开始下降。福特T型车的价格很快就在实际生产这种车的工人的购买力之内了。这是革命性的：汽车从富人的专利变成了美国普通工人触手可及的东西。劳动分工和由此产生的规模经济效益有助于迎来大众消费主义的新时代。

对于企业来说，劳动分工是降低平均成本、增加盈利能力的一种强有力方式，但劳动分工并非没有诋毁者。首先，劳动分工导致小规模手工业企业衰落并被庞大而单一的企业所取代。劳动分工也给企业带来了巨大的压力，迫使它们扩大规模，而较小的企业则破产倒闭，这可能产生主导一个行业的大型垄断企业。其次，劳动分工的另一个问题是，工作可能变得单调乏味。设计一个让工人每天从事8~10小时重复工作的系统是一回事，但对这些工人来说，工作满意度很低（或者根本不存在），而且工作可能变得非常枯燥是另一回事。劳动力不是像资本一样的商品；工人们有一系列的情感和经济效率之外的需求。马克思声称，劳动分工和资本主义企业的本质会导致异化，工人们将不仅反抗低工资，还将反抗让头脑麻木的工作本质。福特试图以很高的工资来补偿装配线工作的本质。不过，尽管工资很高，但由于一些工人无法忍受装配线的无聊乏味，福特公司仍然面临着很高的劳动力

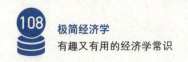

流动率。

然而，随着技术的进步，许多重复性高的工作已经越来越多地被机器所取代。人们希望，劳动分工将在未来为劳动者提供从事设计、个人服务工作和更独立的自我聘用等具有趣味性和挑战性的工作机会。理想状态下，劳动分工将把所有有趣的工作交给人类，而把所有无聊的工作交给机器人。真正的工作将是机器编程或人机交互。那些目前被困在亚马逊公司仓库或呼叫中心的劳动者可能不认同这种理想化的劳动分工观点。但是，不管劳动分工有何缺点，它都为显著提升大多数人的生活水平和就业机会做出了贡献。

劳动分工的另一个方面是，我们正目睹日益细分的全球性的劳动分工。有了现代技术，工作岗位愈发可以按照地域划分。劳动力成本较低的国家正在越来越多地从事劳动密集型工作，这让发达经济体将重点放在科技含量和技能水平更高的工作上。例如，许多银行将他们的呼叫中心外包给像印度这样的国家，因为这些国家拥有大量讲英语的低收入劳动者。制造业的工作岗位越来越多地从最繁荣的经济体转移到东南亚的新兴经济体。苹果手机主要在亚洲生产，但它的设计工作在美国进行，所有权也在美国。这种全球性的劳动分工正在增加苹果公司的利润，同时也提供了就业机会，帮助推高了发展中国家的工资水平。

而对全球性劳动分工的一个更为显著的担忧是，西方国家中相对非熟练的劳动者正在失去工作。此外，新兴经济体可能会发现自己需要处理更高水平的有毒废物，原因是富裕国家将令人不快的废物处理业务外包给劳动力成本较低的经济体。

20. 原材料

原材料是任何经济的基石。无论经济多么发达，我们都需要各种各样的原材料来构建经济。原材料包括土地、食物、金属、天然气、石油和木材——我们很容易认为这些东西是理所当然的，但它们对经济而言却是必不可少的。旧的重商主义经济学理论认为，一个经济体拥有的原材料数量与该经济体的财富之间存在直接联系。在一个以农业为主体的经济中，这是相当正确的。拥有贵金属、食品和其他大宗商品等原材料供应的国家往往更加富有。在过去，如果一些国家觉得自己缺少原材料，它们通常会毫不犹豫地从其他国家夺取原材料。这是一种原始但有效的致富方式。

然而，随着各经济体的发展，原材料的重要性已经消退。德国和日本是原材料储备相对有限的国家，但它们都建立了非常

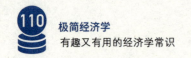

成功的经济，这种经济的基础是进口原材料并增加制成品的附加值，然后出口。在一辆价值3万欧元的汽车身上，原材料本身的成本可能不到500欧元，真正的价值在于设计和技术。

与此形成对比的是那些原材料丰富的国家。中东的一些国家通过原材料变得更加富裕，但许多国家，尤其是撒哈拉以南的非洲国家，尽管拥有丰富的资源，但人均国内生产总值和生活水平依然很低。有一种理论认为，发现丰富的原材料供应既是福也是祸，这种理论被称为"资源诅咒"（Resource Curse）或"荷兰病"①。20世纪60年代初，荷兰在其领土上发现了大型天然气田。为了利用这些原材料，大量投资被用于天然气的生产和销售。从短期来看，这对经济起到了推动作用。出口收入增加、税收增加、国内生产总值增加并且汇率升值。从表面上看，可以得出的明显结论是，发现更多的原材料有利于经济发展，但情况远非如此。

随着经济转向原材料生产，资本和劳动力离开了诸如制造业等其他经济领域。由于投资下降，制造业增速明显放缓。如果不需要制造业和服务业，该行业就会萎缩。此外，发现原材料导致

---

① "荷兰病"（Dutch disease）是指一国特别是中小型国家经济的某一初级产品部门异常繁荣而导致其他部门衰落的现象。——译者注

的汇率上升意味着其他领域的出口商难以保持竞争力。从长远来看，荷兰经济的许多方面都落后了，因为"横财"来自原材料生产。但问题是，当原材料开始枯竭时，经济就很难再回到其他制造业和高附加值行业，原因是这些行业多年来一直缺乏投资。

历史上的另一个例子是西班牙。西班牙是如何从16世纪的世界第一经济体变成几百年后相对默默无闻的存在的呢？其中一个原因是西班牙从美洲获取大量黄金背后隐藏的诅咒。拥有如此多的黄金使西班牙变得非常富有，但突如其来的财富却减弱了人们勤劳和高效劳动的动力。当西班牙受益于这种新的"唾手可得的财富"时，北欧国家却在鼓励更多企业和产业创造财富，而不仅仅是积累财富。

当然，西班牙的相对衰落还有其他原因，但令人沮丧的是，在现代社会，资源丰富的国家，尤其是非洲国家，往往未能从这一资源优势中获得预期的好处。其中的原因是多方面的。首先，存在一个"荷兰病"的因素：生产原材料会阻碍其他经济领域的发展。此外，诸如钻石和黄金等贵金属的存在可以创造一种鼓动内战的动力。例如，安哥拉内战[①]（The Angola Civil War）至少

[①] 安哥拉内战是安哥拉独立战争结束后，安哥拉国内主要党派之间为了争夺执政权而进行的武装斗争，这场战争从1975年一直持续到了2002年，其间曾出现过短暂的和平。——译者注

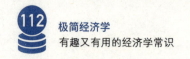

在一定程度上与钻石矿的所有权有关。

关于自然资源，需要考虑的另一个因素是国家的财富分配方式。钻石矿和金矿所有权的本质是，自然资源这种财富的分配可能极不平等。许多钻石矿属于拥有强大垄断力量的企业（例如戴比尔斯垄断集团），而油田可能属于国外跨国企业。因此，大部分利润只流向了一小部分所有者——他们甚至可能不住在资源所在国。值得注意的是，第一，当一家国外跨国企业在一个发展中经济体投资建设油井时，这确实带来了外来投资和新的工作岗位，然而，跨国企业可能会引进技术工人从事更多高科技工作，只给本土工人留下相对低薪、非技术性的工作。第二，很大一部分利润可能会调回跨国企业的原属国，只留下有限的公司税流入油井所在国的社会工程。第三，腐败可能是一个严重的问题，原因是大量来自原材料的财富被少数掌权者截留。与此同时，这个发展中经济体可能面临原材料开采带来的环境成本。

尽管存在上述种种限制，重要的是要记住，我们没有理由声称原材料的发现不能增加经济福利。对于已经生产石油长达数十年的中东国家来说，石油收入使人均国内生产总值得以大幅增加。原材料创造的财富同样允许一个经济体为经济多元化投资提供资金。当挪威发现大量石油储备时，该国对一只主权财富基金①进行了大量投资，截至2018年5月，该基金的平均价值约为每位挪威公民19.5万美元。这是一个有意识的决定：在与所有公民分享原材料利益的同时，还考虑未来的纳税人的利益。

另一个关于原材料的有趣问题是：当原材料耗尽时会发生什么？这将导致原材料短缺吗？或者自由市场会应对这种情况吗？

石油等不可再生资源是有限的，总有一天我们会耗尽这些资源——人们常常会基于目前的消费速度对这一时刻做出预测。一些人认为，当石油供应跟不上需求时，就会出现一个重大的临界点，给世界经济带来严重问题。然而，这种情况的影响在短期内不太可能被注意到。如果石油储量减少，并难以满足需求，石油价格就会上涨。这一价格变化对生产者和消费者而言都是一个信号。石油价格上涨将促使石油生产企业增加产量。例如，在20世纪60年代，大多数石油都来自中东，在那里开采石油非常便宜。然而，随着油价上涨，从西伯利亚和阿拉斯加等更难进入的地区开采石油变得有利可图。全球石油储量常常被低估，一旦石油价格稍稍上涨，石油生产企业就能成功地发现更多石油资源。

---

① 主权财富（Sovereign Wealth）基金，与私人财富相对应，是指一国政府通过特定税收与预算分配、可再生自然资源收入和国际收支盈余等方式积累形成的，由政府控制与支配的，通常以外币形式持有的公共财产。——编者注

油价上涨确实也会影响消费者，从而促使人们转向石油的替代品。这可能涉及更省油的汽车，甚至可能涉及转向替代能源——电动汽车而不是汽油汽车。消费者不会在短期内转变能源消费方式，但如果油价上涨持续下去，经济将逐渐适应更高的油价，而石油将逐渐被其他产品取代。面对像石油这样的全球商品，市场机制可以应对一种即将耗尽的产品。

人们担心的不是市场无法应对资源短缺问题，而是市场机制无法及时抑制带有环境成本的消费。开采和使用原材料会带来不同的环境成本。矿山会破坏地貌，其副作用包括污染。最大的问题是燃烧化石燃料——煤、石油和天然气。环境科学家认为，这导致了很高的污染水平和全球变暖。他们认为，环境问题反过来将导致严重的经济和社会问题，这就是为什么我们需要限制某些原材料的消费的原因。

2*1*. 经济预测

经济学界有一个众所周知的笑话，为什么造物主要创造经济预测员，来衬托出天气预报员的优秀？实际上，近几十年来，超级计算机已经使天气预报相当准确。然而，这些超级计算机却没能让经济更具可预测性。

一般来说，顶级经济学家会对做出长期预测持谨慎态度，因为他们很难确切地做出长期经济预测。尽管经济学家们认为预测是一种吃力不讨好的愚蠢行为，但对他们来说，人们以预测的质量来评判他们是一件令人担忧的事情，因此预测不是他们试图做的事情。当经济学家们将自己暴露在风险之下时，他们可能会遭遇危险。例如，就在1929年华尔街股市崩盘之前，美国经济学家欧文·费雪（Irvin Fisher，1867—1947）在《纽约时报》上表示，股市已经达到了"一个永久的高原"。欧文·费雪这番表态的时机再糟糕不过了：股价很快暴跌，严重影响了他的声誉。他的预测就像是他身上的沉重负担，盖过了他在债务通缩和货币政策方面的其他工作成就。他对"大萧条"的看法遭到了忽视，而凯恩斯则声名鹊起。凯恩斯作为一位伟大的经济学家被后世铭记是理所当然的。他做过一些引人注目的预测，比如英国在1925年重新加入金本位制的成本。但是，尽管凯恩斯在经济学领域才华出众，但在预测方面，他和费雪一样容易出错。据说他在股票市场赚了三笔钱，赔了两笔。

为什么预测如此困难？举个例子，一项对经济学家进行的调查要求他们对来年通货膨胀做出预测。最理想和最可靠的预测是，通货膨胀率将与前一年完全相同。换句话说，使用与去年相

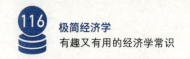

同的通货膨胀率要比在知情的情况下推测明年会发生什么更加准确。

　　若为了支持经济学家而辩护：我们不会去看医生时，要求医生预测我们在未来10年的健康状况。我们不指望医生预测我们什么时候会生病以及生什么病。医生的技能在于诊断疾病并提出治疗方法。如果你的饮食非常不健康，医生可能会警告你，你患心脏病的风险正在增加，但即使饮食不健康的人也可能出人意料地身体健康。经济学家可能会说，他们的职业更接近于医生，而不是天气预报员。他们认为，看到某些经济行为更有可能引发衰退，但衰退究竟何时发生却很难预测。如果经济增长过快，而且经济增长率高于平均水平，我们就有理由预测这将导致通货膨胀，并在适当的时候导致衰退。但是，要预测通货膨胀和衰退发生的准确时间相当困难。经济学家更愿意专注于建议政客们在通货膨胀加剧或经济衰退时该怎么做，而不是试图预测通货膨胀上升的幅度以及经济何时会陷入衰退。

　　为什么预测如此困难？在学习经济学时，我们试图将各种因素孤立开来。例如，如果我们看看利率的影响，我们就能够理解，在其他条件不变的情况下，更高的利率将增加借贷成本，减少可支配收入，并导致经济增长放缓。这是被广泛接受和认可的。然而，在现实世界中，你永远不可能孤立诸如利率等单一因素。在全球经济中，成千上万的因素正以不同的方式影响着经济。要建立一个包含所有经济影响因素的经济模型是不可能的。在许多情况下，我们可以预测更高的利率对经济的影响。但是，在利率上升的同时，其他不同的因素也可能发挥作用，并产生相反的效果。例如，如果消费者的信心由于某种原因异常高涨，那么更高的利率可能不足以减少消费支出。各经济体也很容易受到意外事件的影响。除非这些经济体能够预测到全球性的流行病，否则没有一个经济体能预见国内生产总值将在2020年下降20%。这类事件让所有的经济预测都变得毫无希望，同时这类事件本身也是一个不可能预见到的因素。

那么，我们可以理解经济学家无法预见一场全球性的流行病，但2007年至2009年的金融危机呢？为什么经济学家没有预见到这一重大事件呢？首先，经济学家没有预见到问题的说法并不完全正确。在这场金融危机爆发前的几年里，一些经济学家就对资产市场过热和金融市场放松管制发出过警告。一些经济学家确实警告称，房价被高估了并且它正在缩水，尽管这只是少数人的观点：2005年，美联储主席格林斯潘曾将房地产泡沫斥为"房地产市场明显的泡沫"[2]。此外，没有人预测到金融体系即将崩溃，许多人对高增长和低通胀的日子将继续下去满怀希望。

公平地说，对经济强劲增长的预测是可以理解的。在20世纪七八十年代，全球经济经历了通胀和增长的波动——繁荣和萧条的经济周期——各国政府都在努力维持低通胀增长。然而，从20世纪90年代到2007年，全球经济周期似乎已经被驯服。通货膨胀没有增加，而是保持在相对较低的水平。经济似乎已经达到了长期可持续的低通胀增长新模式。问题是，经济学家们是从近期而不是现在的角度来判断经济的（这一点或许可以理解）。大多数经济学家都没有意识到，在一个以前鲜为人知的经济领域隐藏的潜在危险。美国次级抵押贷款市场的问题正在累积，不良贷款被隐藏起来，并被重新包装成信用违约互换，在世界范围内出售。信用评级机构给予这些不良贷款AAA评级①，其原因要么是因为这些评级机构不知道这些贷款是有害的，要么是因为它们知道这些贷款是有害的，但不想把业务拱手让给其他信用评级机构。

问题是，如果你阅读一本2007年或更早时候出版的经济学教科书，你找不到有关信用违约互换的内容。信用违约互换只是

---

① 信用等级通常是指基于评估对象的信用、品质、偿债能力以及资本等的指标评级，即信用评级机构用既定的符号来标识主体和债券未来偿还债务能力及偿债意愿可能性的级别结果。国际上通行"四等十级制"信用评级等级，具体等级分为：AAA、AA、A、BBB、BB、B、CCC、CC、C、D。——译者注

金融市场的一种新发明，此前从未对经济产生过影响。但在2007年，这种新的金融工具将成为瓦解房地产市场和金融体系进而搞垮整个美国经济的关键因素。回顾过去并理解为什么这是一场即将发生的灾难是很容易的，但后知后觉并非是一件了不起的事。回到一个医学上的类比，接种结核病、脊髓灰质炎和霍乱疫苗可以为人体提供保护，但不能保证你会健康，你可能会突然因为一种全新的病毒而生病。

尽管进行经济预测困难重重，但值得记住的是，有些预测仍然是有益的。例如，如果一个经济体离开一个自由贸易区并征收新的关税，经济学家可以尝试创建一种试图预测这些关税影响的经济模型。经济学家可能会对关税的影响程度得出不同的结论，但他们将达成普遍共识，认为关税会导致贸易量和经济增长下降。但问题是这些预测有多大用处。例如，如果你在经济强劲增长时期提高关税，关税的负面影响几乎不会被注意到。特朗普在2017年提高了关税，但美国经济的表现仍然不错。如果经济增长率是2.3%而不是2.6%，大多数人不会注意到两者之间的差异。而经济陷入衰退，你可以归咎于关税，但也可能有其他因素在起作用。

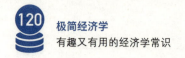

22. 农业

农业可以说是经济中最重要的产业之一。早期的经济体几乎完全以农业为基础。甚至直到19世纪晚期，仍有80%的美国人在务农。农业生产率的提高是使经济得以发展和多样化的关键，并提供了大量的机会，而在需要大量人口从事农业劳动时，这些机会是不可能出现的。随着农业生产效率的提高，劳动者被从土地上解放出来，他们得以在不断壮大的制造业和服务业中获得新的就业机会。在许多西方经济体中，目前只有2%~3%的人口在从事农业，我们理所当然地认为自己不需要亲自种植所有粮食，很少有年轻人梦想长大后成为农民。

与过去相比，现代农场效率极高，能够以前所未有的规模生产农产品。然而，尽管实现了这些大规模的改进，农业部门仍然容易遇到许多问题，并且农民经常感到自己落后于他人。当其他经济部门的收入增加时，许多农民却在苦苦挣扎，而且在西方国家，农民一直依赖于大量的国家补贴。这是因为在许多方面，农业与制造业等其他部门存在很大不同。首先，农民必须应对价格波动，而大多数工业制造商则无须应对价格波动。其次，农产品的供应可能因天气以及疾病等意想不到的因素而出现很大的差异。动植物不像机器或计算机那样可靠，这种供应的波动会导致价格和收入的波动。

对农民来说，具有讽刺意味的是，"好"收成实际上可能导致更低的收入。许多农产品的需求缺乏价格弹性，这意味着，如果胡萝卜的价格下降20%，对胡萝卜的需求只会出现非常微小的增长。如果胡萝卜更便宜，你会吃更多吗？很可能不会，除非你很穷，买不起其他食物。因此，如果农产品收成过剩，供应呈指数级增长，这可能导致价格大幅下跌，而销售量却没有任何增加，从而导致农民的收入下降。这就是为什么一种新的肥料对农民来说可能利弊并存。假设一家化工企业生产了一种让农作物产量提高20%的新化肥，那么农民就会觉得有必要购买这种化肥（这增加了农民的成本）。然而，如果所有农民的农作物产量都增长了20%，农产品的价格就会下降，农民的收入也将下降。农民面对的另一个问题是他们经常遭遇垄断买家。买方垄断是一个由单一买家控制的市场。如果你是农民，你出产的产品的主要购买者将是超市。超市可以利用自己的购买力压低它们的支付价格——以牺牲农民的利润率为代价，提高超市的利润率。

农民往往很难得到与其他行业一样的收入增长水平。原因之一是食品需求的收入弹性较低。如果你的收入增加了20%，你会购买更多食物吗？很可能不会。但如果你的收入增加了20%，你可能会购买更多电子产品或者去餐馆用餐。因此农民没有得到与其他经济部门一样的需求增长和收入增长。

此外，美国和欧洲的农民的产品不得不与来自世界其他地区的农产品展开竞争。农业是一个全球性的市场。小麦价格也会受到世界其他地区小麦供应的影响，而不仅仅是受到国内经济的影响（图3–1）。

由于许多与农业相关的困难以及农业作为战略产业的突出地位，农业在日本、澳大利亚、欧洲和美国得到了大量政府补贴。政府补贴的初衷往往是帮助农民度过艰难的年景，但弗里德曼曾经挖苦地说道："没有什么比一项临时的政府计划更持久。"[3]对农业来说尤其如此，因为在农业领域往往存在强大的政治游说团体。

政府补贴涉及保证最低价格（以及收购任何多余食品）、对廉价进口农产品征收关税以及向农民提供直接补贴等政策。

在20世纪80年代，欧盟将高达70%的预算用于共同农业政策
（Common Agricultural Policy，简称CAP）。此举的初衷仅仅是
稳定农产品价格、确保食品供应并为农民提供合理的收入。虽然
政府从未打算将这项政策变得如此庞大，但问题在于，为了增加
农民的收入，欧盟制定了食品最低价格，并同意收购所有多余食
品。得到了有保证的价格和买家之后，农民在提高产量方面投入
了大量资金（通常是通过使用更多的化学品）。其结果是，农产
品供应超出了所有人的预期，欧盟不得不不停地收购越来越多的
食品——导致了臭名昭著的"葡萄酒湖"和"黄油山"的产生，
这些名称包含了大量的过剩食品。

为不需要的产品买单，这是一种非常低效的政府资金使用方
式。但是，一旦农民习惯了补贴，就很难从政治上取消补贴。然
而情况会变得更加糟糕：为了维持农产品的最低价格，欧盟对来
自欧盟以外的廉价进口农产品征收高额关税。因此，其他国家的
农民损失惨重，这导致了欧盟和世界其他地区之间的关税战争。
更令他国农民雪上加霜的是，欧盟有时会在世界市场上"倾销"
自己的过剩食品。倾销是指以极低的价格销售，从而导致市场价
格下降——这对食品买家有利，但对他国农民不利，非欧盟区的
农民将面临农产品价格和收入的下降。

图3-1　1900—2020年的小麦实际价格

　　在过去的几十年间，欧盟一直在对具有破坏性的共同农业政策进行缓慢的改革，用向农民提供直接收入支持取代最低农产品价格。一些农产品关税已经降低，但农业仍是全球经济中受保护程度最高的部门之一。甚至向农民提供直接收入支持也不是灵丹妙药，因为有资格获得最多补贴的往往是那些规模最大、最富有的地主。这是一个奇怪的悖论：向穷人提供福利经常引发政治上的担忧，但政府向最富有的地主提供大量福利（以农业补贴的形式）却很少受到质疑。这在一定程度上可能是由于我们对农场的浪漫印象，然而把动物关在狭窄封闭空间里的现代工业化农场与我们对乡村的印象相距甚远。

　　此外，近年来人们越来越担心大规模集约化农业的环境成本和健康成本。化学品造成了污染，而集约化农业造成了令人担忧的表层土壤流失。高度集约化的农业还可能导致潜在的健康问题，动物被喂食大量抗生素和生长激素，以达到短期产量最大化的目的——却以人类的健康为代价。例如，由于大肠杆菌对抗生素的耐药性越来越强，膀胱炎的治疗变得越来越困难。事实上，研究表明，人类经常给鸡服用抗生素是导致耐抗生素细菌出现的原因。一些科学家担心，农业目前的性质可能导致未来出现的病毒会传染给人类——就像已经传染给人类的猪流感一样。

所有这些情况都提出了一个问题，即农业具有显著的外部效应——给社会其他部分带来的成本。有些外部效应是正面的，例如，农民有助于保护乡村生活方式，还可以成为环境的良好管理者。然而，当农业的集约化、栽培单一化以及对化学品和抗生素的依赖程度极高时，就会出现许多负面的外部效应。欧盟正在慢慢地试图将农业补贴指向对环境产生积极影响而不是消极影响的农业做法。2013年，欧盟在共同农业政策中采用了一个新的"绿化部分"。欧盟表示 "'绿色直接支付'（或绿化）支持农民采取或保持有助于实现环境和气候目标的农业做法"。然而，商业压力唆使农民追求更大利益，这意味着，人们并非总是会做出从长远来看对地球最有利的决定。

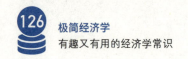

23. 理性消费者

古典经济学理论的一个重要因素是，消费者是理性的。人们认为，消费者希望将自己的效用（福祉）最大化，并购买能为自己的钱带来最大回报的商品。这并不依赖于每位消费者每次消费时都保持理性。但是，如果我们忽略一些极端情况，便可看出普通消费者都是理性的。值得一提的是，一些早期的经济学家同时也是哲学家，在19世纪，功利主义①相当受欢迎。杰里米·边沁（Jeremy Bentham，1748—1832）和约翰·斯图亚特·密尔（John Stuart Mill，1806—1873）等经济学家兼哲学家都喜欢把理性消费者和功利主义这两个概念结合起来，这一点并不令人意外。经济学家维尔弗雷多·帕累托（Vilfredo Pareto，1848—1923）提出了"homo economicus（经济人②）"一词。因此，正统经济学从个人是自利的这一前提出发；个人知道自己想要什么，并做出使自身效用最大化的决定；这些决定都是基于"边际效用"这一概念。

现在，你可能会挠头思考：我怎么能够在甚至不知道何为边

---

① 功利主义（utilitarianism），即效益主义，是道德哲学（伦理学）中的一个理论。提倡追求"最大幸福"。——编者注
② 又称"理性经济人"。——译者注

际效用的情况下根据边际效用做出决定？这个问题很合理，那就让我来解释一下。当别人给你第二块蛋糕的时候，你会想：我会再吃一块吗？这只是因为你喜欢吃蛋糕并且吃了第一块，并不意味着你想要吃第二块。事实上，如果别人马上给你第二块蛋糕，你可能会拒绝。你可能认为常识是你拒绝第二块蛋糕的原因，但这也是边际效用在起作用。第一块蛋糕让你开心，而第二块则不然——因为你有轻微的饱腹感，可能还会因为吃得太多而感到内疚。当然，每个人都是不一样的，也许身材瘦削、胃口大的年轻人觉得自己仍会从第二块蛋糕中获得一定的边际效用，从而吃下第二块蛋糕。

　　尽管理性选择理论（Rational Choice Theory）存在种种潜在的局限性，但理性消费者这个概念还是有一定逻辑的。大多数人都喜欢认为自己的行为是理性的。我们收入有限，所以我们会以一种为自己带来最佳回报率的方式使用这份收入。在经济学理论中，有一个模型表明，我们会不断评估比较购买一件额外商品所带来的效用与该商品的价格。在现实生活中，没有人（甚至是经济学家）会走进一家商店，然后想，那块面包会给我带来相当于1.5英镑的边际效用，但因为它的价格是2.3英镑，所以我会买一些土豆。显然，我们不会进行精确的计算，但在决定如何购买商品时，我们确实会根据经验做出粗略的评估，并购买我们认为能

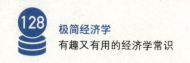

给自己带来总体上最具幸福感的商品。

对经济学家来说，这一理性选择模型的可取之处在于，人们可以很容易地建立理想的模型进行计算。经济学家已经建立了各种基于这种理性选择模型的基本假设。例如，有效市场假说（Efficient Market Hypothesis）认为，在给定当前信息的情况下，股票价格将始终是股票价值的完美反映。如果股票价格遭到错误估计，其原因不仅仅是不完全信息。其中的逻辑是，如果股票价格因存在不合理原因而被低估，一些人就会注意到，为了获得后续利润，他们会趁股价便宜时买股票。如果股价因存在不合理的原因而被高估，那么就会有足够多的投资者为了避免亏损而想要抛售股票。

理性选择理论是开始理解经济各个方面的一个良好基础，但问题是，在现实生活中，普通消费者往往站在理性的对立面。亚当·斯密与古典经济学有着不可抹去的联系，他在1759年出版的《道德情操论》（*The Theory of Moral Sentiments*）一书中指出，我们可能还有除自身利益之外的动机：无论一个人在别人眼里看起来有多么自私，但他的天性中显然总还是存在着一些本能，因为这些本能，他会关心别人的命运，会对别人的幸福感同身受，尽管他从他人的幸福中除了感到高兴以外一无所得。

近年来，经济学越来越重视消费者和个人可能表现出非理性（至少从古典经济学的角度来看是非理性的）行为的方式、原因和时间。这些观察被宽泛地称为行为经济学，行为经济学试图对关于人类运作方式的传统观点之外的人类本性和行为进行解释。这些新理论中有许多并非出自经济学家，而是出自心理学家。例如，因与合作伙伴阿莫斯·内森·特沃斯基（Amos Nathan Tversky，1937—1996）在人类偏见方面的研究，丹尼尔·卡尼曼（Daniel Kahneman，1934—　）获得了2002年度诺贝尔经济学奖，尽管他们两人都是心理学家。他们提出了前景理论（Prospect Theory），该理论认为，我们人类对自己拥有的东西比对自己没能拥有的东西更加依恋。如果人类是理性的，那么获得100美元应该和失去100美元引起相同的效用变化。然而，他们发现事实并非如此，我们很容易依恋我们拥有的东西。例如，假设你在酒窖里存放了一瓶50年的经典葡萄酒。如果有人出价300美元购买这瓶酒，你可能会拒绝，因为你想保留这瓶酒。但是，如果你没有同样的一瓶酒，你甚至可能不愿意花30美元购买一瓶相同年份的酒。

　　理性经济人理论建立在"普通消费者是理性的"这一假设之上。然而，纵观历史，我们可以发现普通人不理性的时期。例如，大多数人可能会陷入非理性繁荣的浪潮中——购买房产或资产，因为我们对获得资本收益的前景感到兴奋。在理论上，我们

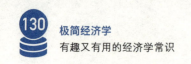

应该保持理性，并意识到价格被高估了，但在现实中，人性会受到一系列复杂情感的影响。

此外，如果人类是理性的，为什么我们还会做出这么多糟糕的选择呢？在现实世界中，少数人会对危险物质上瘾。他们可能知道自己的选择对自己有害，但某种冲动迫使他们继续购买。然而这种非理性决定不仅仅只限于少数人。许多人都能回忆起自己在饮食或冲动购物方面做出的错误选择，并且他们一直都知道它们不是一个好主意。理解如何利用我们的弱点，这正是大型企业花费大量时间研究和利用人类心理学的原因所在。这可能是放在收银台的巧克力，也可能是脸书（Facebook）谙于让我们沉迷于查看自己的状态、消息和通知。没有人会在下载脸书应用程序后说：提高我的效用的合理方法是每周花10个小时在脸书上浪费时间，但当我们回顾过去的一年，我们会发现这正是自己所做的！

另一个例子：理性消费者应该通过购买更廉价的商品寻求效用最大化。然而，我们常常不会那样做。一些涨价商品可能会吸引我们购买，原因是我们觉得更高的价格反映了更高的质量。当我们去餐馆时，每个人都会购买最便宜的瓶装酒吗？通常不会。即使我们无法得知最好的质量，我们也不想要最便宜的，我们想要更贵的。

或许理性经济人理论面对的一个更大挑战是这样一种假设：

理性意味着将我们的自身利益最大化。埃莉诺·奥斯特罗姆在其关于公地的著作中发现，人们可以把自身利益放在一边，并以一种与社会相和谐的方式行事（见本书第26页）。这促使人们提出了一个更好的说法，即"社会人"（homo sociologicus）——我们是社会的产物，而不是自利的产物。人类学家认为，强调个人追求自身利益的现代资本主义是一种相当反常的现象。在历史上，社会往往建立在互惠、馈赠和满足社会期望的基础上。换句话说，我们不是通过我们自己的视角看待生活，而是通过家庭和当地社区的视角看待生活。如果有人需要帮助，我们会给予他们支持，因为这对社会最为有利。"经济人"的另一个问题是，人们担心，如果这个模型被理想化了，该模型实际上会鼓励更多的自利行为。一项研究发现，经济学家可能比非经济学家更自私自利！

24. 通货紧缩

通货紧缩指的是这样一种情况：平均物价下降，商品变得更加便宜。重要的是，通货紧缩不仅仅意味着更便宜的电脑或手机，它意味着所有（或几乎所有）商品的价格都将下跌。乍一看，通货紧缩似乎是可取的——谁不想要更低的价格呢？然而，与直观认识反差极大的是，通货紧缩可能会导致严重的经济问题，因此经济部门通常会不惜一切代价避免通货紧缩。我们有理由问这样一个问题：为什么更便宜的物价对我不利？从某种意义上说，它们对你有利：如果你的收入保持不变，而物价下跌，你可以在同等条件下购买更多商品。但在现实世界中，通货紧缩时期常常（尽管并非总是如此）伴随着收入下降和高失业率。

我们需要理解的首要因素是，最初是什么导致了通胀紧缩。企业通常都极其不愿意让商品降价（因为这意味着收入的减少）。企业通常只会在困难的情况下让商品降价。在经济衰退时期，随着需求下降，企业可能会孤注一掷，为了出售过剩的库存而让商品降价。因此，通货紧缩往往与出现需求下降、失业率上升和经济负增长的时期联系在一起。例如，美国最严重的通货紧缩时期出现在1930年至1933年，在此期间，物价年均降幅为10%。货币供应下降且物价下跌，但人们并没有感觉自己处境变得好了——远远没有。"大萧条"是工资下降和大规模失业的时期，更低的物价并不能给那些依然无力购买商品的人带来多少安慰。

通货紧缩的一个重要问题是，企业在被迫降低价格的情况下，总是会寻求削减名义工资（或者至少取消计划中的加薪）。

因此，对许多劳动者来说，通货紧缩时期可能意味着更廉价的商品，但同时也意味着用于购买这些商品的收入降低了。通胀紧缩的另一个重大问题是，它使偿还债务变得更加困难。通常，当你从银行贷款时，你期望的是，随着时间的推移，通货膨胀和工资上涨将使这笔债务更容易偿还。然而，在通货紧缩的情况下，你的债务的实际价值在增加。例如，一家企业可能借钱投资一家新工厂。如果物价开始下跌，这笔最初的债务就会变得更难偿还，因为物价下跌将减少这家企业的收入，因此更大比例的企业收入将用于偿还债务，这将降低企业的盈利能力。同样，对负债的家庭来说，通货紧缩和工资增长放缓意味着收入中用于偿还债务的比重越来越大。

当然，硬币的另一面是，通货紧缩对那些拥有大量储蓄的人有利。即使利率较低，通货紧缩也意味着货币的购买力将会增加，因而储蓄者将会受益。然而，削减借贷和投资的动机也显而易见。企业和消费者都不愿意投资和支出，因为他们有存钱的强烈动机。减少投资和增加储蓄的决定就其本身而言似乎不是问题，但如果通胀紧缩抑制了支出和投资，这可能会使经济最初的下滑变得更加严重。

消费者会对物价下跌做何反应？脱口而出的答案是购买更多商品。例如，如果通货膨胀率是2%，但手机的价格下降了5%，你会预计更多消费者将在手机上花钱。但是，如果所有商品的价格都下降了5%，并且我们预计价格将继续下降，那么这就将改变消费者的行为。如果我们认为明年物价会更低，我们就会禁不住推迟消费。特别是在收入停滞或下降的情况下，通货紧缩会鼓励人们节约开支。21世纪头十年的日本就是一个很好的例子。这是一个长期的通货紧缩和物价停滞期，并有助于鼓励消费者形成节制消费的意识。因为消费者害怕负债，并一直预期价格会下跌。在没有大幅降价的情况下，企业很难销售奢侈品。因此，物价下跌创造了一个负面循环：物价下跌导致需求下降，需求下降又导致更低的物价。不仅如此，较低的物价还增加了债务的实际价值，而更高的债务也会拖累经济增长。

自第二次世界大战以来，各国政府和中央银行一直主要关注的是如何避免或降低通货膨胀。当通货膨胀率上升时，利率通常就会上升。考虑到控制通货膨胀的种种困难，我们或许会认为，避免通货紧缩会容易得多。但是，在实践中，通货紧缩可能会变得非常顽固和难以避免。如果通货膨胀率上升到10%的水平，中央银行就可以随心所欲地提高利率，直到货币供应增长下降，通货膨胀得到控制。但如果通货膨胀率为负数，而物价每年下降4%，会发生什么情况呢？问题是，你不能轻易地将利率降至0以下。如果物价（和工资）下降4%，而货币价值上升，这对储蓄者来说是个好消息。然而，随着物价下跌（和通常更低的工资），借款人会发现自己更难偿还原来的债务。在理想情况下，中央银行可能希望将利率降至−6%，以增加消费的动力。但负利率意味着银行向人们收取储蓄费用。在这种情况下，人们从银行取出钱，把钱藏在床底下才是理性的做法。

解决通货紧缩的另一个办法是印制货币：创造新的货币，然后把它们分发出去。如果你印制了足够的钱，人们就会花掉这些钱，这最终将导致物价上涨。尽管这是一种轻而易举的政策（而且受到那些拿到钱的人的欢迎），但中央银行通常非常谨慎，而印制大量货币的想法往往会引发关于对未来几年出现通货膨胀的恐惧。日本的经历再次警示我们，要打破通胀紧缩循环是多么困难。从1998年到2018年的20年间，日本经历的工资下降次数多于上升次数。日本银行前首席经济学家门间一夫指出："在多年没有出现通货膨胀之后，日本人认为物价基本保持不变。当这种观点一旦根深蒂固，就几乎不可能改变。"[4]

尽管通货紧缩是真正的问题，但它并非总是会对经济造成损害。这在很大程度上取决于是什么导致了通胀紧缩。我们举的第一个例子是需求下降和经济衰退导致的通货紧缩。但通货紧缩也可能是由生产率的提高和更高的效率引发。这可以被称为通胀紧缩的"好"形式，因为我们可以在不付出成本的情况下获得物价

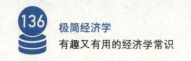

下跌的好处。如果出现巨大的技术飞跃，生产各种商品的成本就可以降低，从而使企业能够将较低的成本转嫁给消费者。然而，如果生产成本下降，劳动生产率提高，企业就有能力提高工资。我们可以鱼与熊掌兼得——更低的物价和更高的收入。在这种情况下，通货紧缩使得个人能够购买更多的商品。

19世纪末期，英国和美国等主要工业化经济体经历了物价下跌和经济强劲增长的时期。这种良性的通胀紧缩是由第二次工业革命——亦称技术革命——带来的生产率的重大提升所导致的。新的发明，例如使廉价的大规模钢铁生产成为可能的贝塞默法[①]（Bessemer process）、经过改进的蒸汽机、更好的铁路和新的通信设备（电报），导致了生产力的爆发——建筑、运输和农业的成本纷纷下降，并在降低物价的同时鼓励了投资和支出的增长。要迎来另一个良性通货紧缩时期，我们可能需要发现类似的强大技术。从理论上讲，人工智能、微芯片和互联网可以提高生产率，但这些技术带来的成果实际上不如早期技术带来的成果。因此，我们没有看到太多理想的通胀紧缩，而且随着全球经济增长率的下降，人们对糟糕的通货膨胀的恐惧正日益凸显。但在接下

[①] 贝塞默法是一种以英国发明家亨利·贝塞默爵士（Sir Henry Bessemer）命名的钢铁生产方法，具体指钢铁工人向钢水中注入空气以除去碳和杂质，钢铁精炼和产量大幅增加。——译者注

来的几十年里，通货紧缩可能会取代通货膨胀成为经济政策的首要关注点。

25. 货币政策

货币政策涉及并试图控制经济中货币的供给和需求。货币政策的主要目标通常是控制通货膨胀和保持合理的经济增长率。货币政策是政府或中央银行影响经济周期的一种途径，特别是，货币政策旨在避免激增（激增导致通货膨胀）和萧条（萧条包括经济衰退和失业）。

为了影响货币的供给和需求，中央银行可以改变利率，从而直接影响货币供应。货币政策过去常由政府执行，但西方经济体越来越多地将制定货币政策的责任交由独立的中央银行。其中的逻辑是，独立的中央银行拥有更加专业的知识，或许更重要的是，独立的中央银行不受政治压力的影响。但不利的一面是，非民选的中央银行官员对经济的影响力可能大于民选的国家领导人。

货币政策的主要工具是利率。改变利率会对经济活动产生重大影响，因为利率影响着借款成本和储蓄回报。如果中央银行担心通胀压力，它可以提高利率，这将改变企业和消费者的行为。身负抵押贷款或贷款的家庭将不得不支付更多利息，并因此减少其他支出。由于借款成本上升，企业也将不愿借款和投资。相反，更高的利率使储蓄更具吸引力。因此，更高的利率将导致支出和投资下降以及经济增长放缓。如果经济增长放缓，通货膨胀率也将下降。

相似地，在经济衰退期，中央银行可以采取相反的做法。它可以通过降低利率来鼓励消费和投资，增加消费者和储蓄者的实际可支配收入。

值得指出的是，中央银行并不是直接制定经济中的所有利率。但各家银行可以自行决定自己为借款人和储户制定怎样的利率。中央银行只控制基准利率（有时被称为回购利率）。这实际上是商业银行向中央银行借款时的利率。中央银行之所以能够影响货币供应，是因为商业银行需要从中央银行借入短期资金。如果中央银行提高基准利率，那么商业银行通常（虽然并非总是）会将这一利率增长转嫁给储户和借款人。例如，如果基准利率从5%上升到6%，你可能会发现你的储蓄利率从3%上升到了4%，而你的贷款利率从8%上升到了9%。商业银行通过自己支付的利率与客户支付的利率之间的差额获利。

从理论上讲，利用利率可以对经济进行"微调"，并规划一条以稳定和可持续的经济增长以及低通胀为目标的路线。在21世纪伊始，有很多评论员认为这已经成为现实。格林斯潘担任美联储主席一职似乎为美国经济带来了长期的稳定，他显然是一位货币政策大师。但货币政策的一个局限性是，它的作用仅限于此。利率使通货膨胀保持在较低水平，但随着资产价格上涨和抵押贷款大幅增加，美国和全球经济出现了其他问题。因此，单靠货币政策无法应对经济中的所有问题。你不能用利率同时达到低通胀、高增长和防止房价上涨的目标。

　　2008年至2009年，在信贷紧缩之后，世界经济陷入了深度衰退，因此货币政策的明显反馈是下调利率。事实上，利率从5%降至0.5%，创历史新低。理论上，这一极低的利率应该会促进经济复苏。但在美国、日本和欧盟，即使低利率似乎也只能产生有限的影响。仅靠货币政策并不能解决经济危机的根源。由于当时利率很低，因此借贷成本很低，但银行不想放贷，不是因为银行自己缺钱，而是因为银行认为放贷不是一个好主意。事实上，许多商业银行甚至没有将基准利率下调传递到消费者身上，原因是银行缺少现金且想要增加现金储备。即使是消费者也没有太多地改变自己的行为。在经济衰退时期，消费者可能会厌恶风险且不想花更多的钱——即使利率很低。因此，传统的货币政策（利率）相对而言是无效的。因为教科书上的分析在现实世界中并不

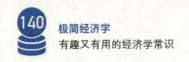

起作用。

作为回应，各国央行尝试了一种更加非常规的货币政策，即量化宽松政策。量化宽松涉及两个方面。首先，中央银行凭空造钱。它们并未真正印制货币，只是通过电子方式创造货币（这就像进入你的个人银行账户，并能在你的账户中额外增加1万美元——如果你能得到这1万美元，那就太棒了）。其次，各国央行利用这些新产生的货币从商业银行购买诸如政府债券等资产。中央银行希望此举能达到两个目的。首先，购买资产将降低债券利率，有助于刺激支出和投资。其次，从商业银行购买资产意味着这些银行将有更多的现金可以贷给企业。

许多人认为，如果没有量化宽松政策，经济衰退会更严重，失业率也会更高。量化宽松政策确实为银行提供了更多现金，并帮助创造了一些贷款业务。然而，即便是量化宽松政策最热衷的支持者也会承认它并非绝对成功。量化宽松政策的问题在于它增加了货币供应，但主要的受益者却是银行和富人。货币供应量的增加往往会导致资产（债券、股票和房地产）价格的上涨，而且大多数情况下，它并没有渗透到更广泛的经济领域。普通家庭从量化宽松政策中只能得到微不足道的间接收益。这是货币政策的另一个问题，即该政策产生的影响可能非常不平等。低利率可能对借款者有利，但对那些靠储蓄生活的人不利。推行定量宽松政策之后，货币供应的增长推高了资产价格，甚至还不如说加剧了财富的不平等分配。

对量化宽松政策的另一个重要批评是，创造货币可能导致通货膨胀。2010年，一些评论人士预测，由于新增大量货币，我们将面临失控的通货膨胀。但这种情况并未发生，原因是新增的货币进入了债券、股票和银行的现金储备。这对经济增长的影响微乎其微。

量化宽松政策的批评者认为，有一种好得多的货币政策可以应对经济衰退和通货紧缩压力。当出现通货紧缩和高失业率的极端情况，量化宽松政策的批评者们主张采用这种形式创造货币。在这个模式中，中央银行不是间接地把钱给各家商业银行，希望银行增加贷款业务，而是直接把钱放到大众的口袋里。在这种情况下，新增货币将对支出和经济活动产生更为直接的影响。因为低收入人群更有可能支出额外的现金。虽然非常富有的人往往只会增加自己的储蓄并购买资产，但一种针对低收入人群的量化宽松政策对经济增长有着更为直接的影响。

当然，这种形式的货币政策（被米尔顿·弗里德曼称为"直升机撒钱"，原因是中央银行有点像是从天上往下撒钱）风险更大一些。如果你印制太多的货币直接给消费者，这肯定会导致通货膨胀。但是，在物价下跌的萧条时期，小幅通货膨胀并不一定是坏事。"直升机撒钱"政策很少被使用的真正原因可能是它冒犯了人们的感情。我们应该给人们凭空创造出来的钱吗(就好像人们根本不配拥有这些钱)?这听起来好得令人难以置信,但令人担忧的是,政府可能会变得过于热情,而我们可能会看到在德国和津巴布韦等国出现的恶性通货膨胀重新上演(见第本书第55页)。这种担忧不一定是一个好的论点,但我们肯定需要仔细观察与经济状况相关的情况。如果我们看到长期通胀紧缩和增长停滞,我们可能会看到一些国家试行"直升机撒钱"这种极其非常规的货币政策。

26. 亚当·斯密

亚当·斯密被认为是"经济学之父",这是有充分理由的。他在工业革命之初所著的《国富论》一书中奠定了古典经济学的框架,这个框架延续至今。《国富论》引入并解释了经济学中的许多关键概念,如劳动分工、自由市场、生产率、工资差异、看不见的手和自由贸易等。我们现在认为其中许多概念是理所当然的,但在当时,它们代表了经济学思想的一场革命。这些概念帮助各经济体摆脱重商主义并引入了一种新的自由市场和自由放任政策。

亚当·斯密最根本的贡献和自由市场有关。在《国富论》中，他解释了追求自身利益的人如何可以通过自由市场的运作为社会中的每个人带来有益的结果。他举了一个现在非常著名的例子——受自身利益驱使的一位屠夫、一位啤酒商和一位面包师："我们可以期待我们的晚餐，不是因为屠夫、啤酒商或面包师的恩惠，而是因为他们对自身利益的考虑。"[5]

亚当·斯密还提到了"看不见的手"。尽管他只有三次提到"看不见的手"，但他已经成为"看不见的手"的同义词。亚当·斯密表示，"看不见的手"是指个人寻求自身的福利而为社会其他方面带来意想不到的好处的方式——由一只看不见的手引导，以促进达成一个并非他原本想要达到的目的。[6]这个概念的重要性在于，它已成为自由放任经济学和国家干预最小化的哲学基础。倾向于支持有限政府干预和自由市场的经济学家和政治家援引亚当·斯密的话，以支持从涓滴效应到自由放任资本主义等政策。

然而，尽管亚当·斯密明确地阐述了自由市场的好处，并对政府干预持怀疑态度，但他的经济学思想并不简单。1759年，他凭借道德哲学著作《道德情操论》崭露头角。在这本书中，亚当·斯密着重阐述了个人不仅受到自身利益的驱使，还受到对同胞更为广泛的同情的驱使。对亚当·斯密来说，这种对他人的同情与关心和自我利益的动机同样重要。一些评论人士发现，亚当·斯密对同情的看法与他对自我利益重要性的看法之间存在冲突。但是，即使是在《国富论》中，我们也看到了一种基于环境且微妙得多的利己主义观点。

此外，尽管亚当·斯密对经济中的政府干预持怀疑态度，但他也能看到许多案例，在这些案例中，政府干预是必要的。其中包括对垄断权力的监管。亚当·斯密很清楚企业如何能够获得垄断权力并利用这一权力以更高的价格剥削顾客。实际上，亚当·斯密是在说，"看不见的手"可能并非总是在为社会创造利益；他所提倡的与其说是自由市场，不如说是自由竞争。强大的竞争压力对于规范利己主义而言十分重要。

亚当·斯密以其特有的远见警告我们小心这样的危险：大型企业和强大的贸易组织有可能成为强大的游说团体，并有效地说服政府保持这些企业和组织不配拥有的垄断权力。亚当·斯密在谈到贸易规则时说："我认为，它们在任何情况下都可以被证明是一场共同的诈骗，因为这样一场诈骗，国家和民族的利益不断成为某些特定类别贸易商利益的牺牲品。"[7]

亚当·斯密还支持政府提供诸如道路、法律和秩序等公共产品——这些产品不是个人可以追求的。他还建议应该通过税收来

支付这些产品产生的费用，税收部分反映了一个人的支付能力，
"因此，对房租征收的税款通常会让富人承受最重的负担。在这
种不平等中，也许没有什么是非常不合理的。富人对公共支出的
贡献不仅应与他们的收入成比例，而且还应高于这一比例，这并
不是非常不合理的。"[8]

亚当·斯密主张征收财产税、土地价值税和奢侈品消费税。
他知道有多少工人还在贫困中挣扎，他们的工资几乎无法维持体
面的生活——这些想法在他的时代是相当激进的。

另一个因亚当·斯密而广为流传的著名概念是劳动分工（见
本书第104页）。劳动分工将继续成为工业发展中日益重要的一
部分。然而，以亚当·斯密的特点，他不仅对劳动分工对生产率
的影响感到惊讶，还担心枯燥重复的工作对从事这些工作的人产
生的影响。他担心一个只从事几项简单操作的工人会失去智力和
天生的同情心。"这就是劳动的穷人即广大人民必然陷入的状
态，除非政府努力加以防止。"[9]

亚当·斯密在挑战当时盛行的政治经济正统方面（当时经
济学被称为重商主义）也起到了重要的作用。重商主义基本上认
为一个国家的财富与该国的黄金和白银供应密切相关。重商主义
还主张关税保护主义，试图以此创造永久性的贸易顺差。这种重
商主义的经济观点在很大程度上是一场零和博弈：要变得更富

有，就要试图从其他国家获取财富；以牺牲竞争对手的利益为代价来促进自己当地出口。亚当·斯密颠覆了这一观点，主张一个国家增加财富的最佳方式是参与自由贸易。因此，亚当·斯密成了那些提出自由贸易思想的经济学家的旗手——激励大卫·李嘉图（David Ricardo，1772—1823）提出了自己的比较优势理论（Theory of Comparative Advantage）。

在许多方面，亚当·斯密奠定了古典经济学的基石。他的各种观点和概念经久不衰，令人感到惊讶，不同信仰的经济学家仍然试图在他的著作中找到支持自身观点的证据。新古典主义经济学家强调亚当·斯密对自由市场和"看不见的手"的看法；其他经济学家强调亚当·斯密对市场局限性的认识。近250年后，他的著作仍然受到人们的尊敬，这证明了他思想的深度。

27. 约翰·梅纳德·凯恩斯

如果亚当·斯密是毫无疑问的"经济学之父"，那么凯恩斯就是彻底改革20世纪经济学的回头浪子，他创造了一门全新的学科和经济学分支：宏观经济学。

  1919年，凯恩斯从参加签署《凡尔赛和约》的英国代表团[①]辞职，他认为，提出对德国的赔款要求过于霸道，惩罚性太强并将损害德国的经济和声誉。凯恩斯由此声名鹊起。他的警告被证明是有先见之明的。随后，凯恩斯担任剑桥大学的三一学院院长一职，在这里，他利用自己的金融专业知识，在股票市场为自己和所在学院积累了一笔财富。

  甚至在20世纪20年代，凯恩斯就开始警告通货紧缩政策的危险。他猛烈抨击在首相丘吉尔领导下的英国重新加入金本位制的决定。凯恩斯认为，自第一次世界大战以来，英国经济已经失去了竞争力，并将与被高估的汇率做斗争。事实再次证明，他的分析是正确的，英国甚至在"大萧条"之前就经历了高失业率和通货紧缩。

  1929年，凯恩斯著名的先见之明让他失望了，他在那年的股市崩盘中损失了一大笔钱。不管你作为经济学家的名声如何，股市仍然可以愚弄你……然而，正是"大萧条"造就了凯恩斯最伟大的著作《就业、利息和货币通论》（*The General Theory of Employment, Interest and Money*）。凯恩斯在为西方民主国家为

---

① 1918年，德军投降，第一次世界大战结束。凯恩斯作为英国财政部首席代表1919年参加巴黎和会（Paris Peace Conference, 1919），他的任务是参与制定德国经济赔款方案。——译者注

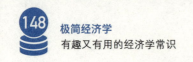

应对"大萧条"和威胁这些国家生存的大规模失业而做出的艰苦努力的基础上,创作出了这部鸿篇巨制。

当经济在1930年陷入衰退时,古典经济学对这种独一无二的糟糕处境所提出的见解少之又少。当时标准的经济分析是,如果让市场自行运转,市场将会出清。这是经济学界的正统观念——在凯恩斯之前,通过政府干预影响经济周期的想法并未真正产生。凯恩斯对这种正统观念感到愤怒,该观念认为,失业最终将会消失,经济将恢复充分就业。凯恩斯对此有一句名言:"从长远看,我们都已经死了。如果在暴风雨季节到来时,经济学家会告诉众人:从长远来看,暴风雨过后大海终将回归平静,那他们给自己定的任务也太简单、太无用了。"[10]

有时候,他的"从长远看,我们都已经死了"这句话遭到了误解。凯恩斯并不是鼓吹在当下恣意享乐,而是在问,既然我们现在就可以降低失业率,为什么还要接受等待数年的失业率下降。

当时的另一种正统观念是政府应该寻求平衡自身预算——这种方法有时被称为"财政部观点"(Treasury view)。1931年,凯恩斯指责英国政府为了减少政府借款而孤注一掷地增加税收和削减失业福利的决定。并且他开始支持相反的做法。如果你在经济衰退时削减政府支出,这将导致需求的进一步下降,甚至更低的经济增长。凯恩斯认为，政府支出可以创造就业，刺激经济活动，使经济走出衰退。

他的新见解之一是与正常预期相反的"节俭悖论"（见本书第27页）。凯恩斯指出，在经济衰退时期，许多人的反应是增加储蓄，这是可以理解的；然而，如果你的储蓄大幅增加，就会产生两个重要的影响。首先，支出和投资进一步下降，导致增长放缓。其次，在经济衰退时期，未使用的无效益储蓄将大幅增加。凯恩斯认为，政府借款只不过是在利用这些无效益的闲置储蓄。政府不应该让现金留在床底下（或银行里），而是应该尝试将这些钱花出去，让闲置资源重新得到利用。如今，这是一个主流经济学观点，但在20世纪30年代，这一观点极具争议。

凯恩斯是一位引人注目的传奇人物。他是布卢姆斯伯里派（Bloomsbury Group）成员，这是一个由进步知识分子组成的先进团体，其成员的行为经常撼动社会规范。他自己的个人生活丰富多彩——至少在20世纪20年代的英格兰是如此。但他的个性确实让他成了一位愿意挑战陈规的自由思想家。他还是一位伟大的自我宣传家，且看上去自信满满。为了抓住公众的想象力，并支持公共工程，他建议给失业者发工资，让他们在地上挖洞，然后再把这些洞填上。当人们反驳说建造医院更可取时，凯恩斯说："太棒了——建造有用的东西，只要人们不失业。"他希望人们

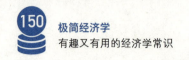

为公共支出提出自己的想法。

古典经济学的另一个重要观点是，任何失业都是工资过高的结果。因此，调低工资的能力将创造更多的工作岗位，从而解决失业问题。凯恩斯对这种正统的经济学理论进行了抨击，理由是在通胀紧缩时期，劳动者不愿看到名义工资下降。其次，降低工资将导致更低的收入和进一步下降的需求。因此，在凯恩斯看来，解决方案不是削减工资，而是解决经济中需求不足的问题。

20世纪30年代一个令人悲哀的讽刺是，只有独裁国家——德国和日本——采纳了某种形式的凯恩斯式支出。通过大幅增加军队开支，德国和日本的失业被有效地消除了。1932年之后，罗斯福通过新政实施了一种有限形式的凯恩斯主义，但这不仅不够，而且由于过于缩手缩脚而无法重新实现充分就业。凯恩斯于第二次世界大战结束后不久的1946年去世，当时，世界正试图建立一种新的战后经济秩序，以避免20世纪二三十年代出现的种种问题。尽管重病缠身，他对经济学这门学科的精通以及思想——构成战后布雷顿森林体系（Bretton Woods System）重大基础的思想——却给许多美国官员留下了深刻印象。最重要的是，凯恩斯反对回归金本位制，原因是金本位制在第二次世界大战之前导致了诸多问题。

凯恩斯不仅对应对经济衰退和商业周期感兴趣，他还始终对挑战盛行的正统观念感兴趣。例如，他抨击那些认为我们应该多工作和储蓄的"天真的（自以为）乐善好施者"。1930年，他写了一篇文章，预言我们的孙辈每周只需工作16个小时，因为生产率的提高意味着我们可以用更少的工作时间获得同样的报酬。他有关生产率长期增长的预测是正确的，但他错误地认为，更高的工资可以减少我们的工作时间。

尽管凯恩斯才华横溢，但他并未保证自己会留下什么遗产。他的《就业、利息和货币通论》是一本晦涩难懂的读物，而正是美国经济学家保罗·萨缪尔森（Paul Samuelson, 1915—2009）为凯恩斯的声誉增添了光彩。1948年，萨缪尔森出版了一本畅销教科书《经济学：初步分析》[1]（*Economics: An Introductory Analysis*），该书推广、简化并解释了凯恩斯应对经济萧条的理论。《经济学：初步分析》成为美国有史以来最为畅销的大学教科书，并牢牢地巩固了凯恩斯的思想，以至于他的思想如今被称为凯恩斯经济学——很少有经济学家能够获得这样一个称号（一种经济学思想以自己的名字命名）。在凯恩斯之前，经济学主要关注微观经济学和市场理论。而凯恩斯将经济学扩展到了更加广泛的宏观经济领域，帮助经济学变成关注处理现实世界的问题的

---

[1] 通常简称《经济学》。——译者注

学科，而不是仅仅关注技术性的理论模型的学科。

时过境迁，凯恩斯主义已经悄无声息地进入了日常运用，有时这被归因于那些凯恩斯并不支持的观点。例如，凯恩斯并不一定相信政府支出会永久增加。他认为政府支出和借款是经济衰退的必要条件，而不是政府的永久目标。凯恩斯也不像人们经常说的那样，认为通货膨胀不是需要担心的事情。事实上，凯恩斯认为，通货膨胀是经济的一个主要成本，是需要加以避免的。到20世纪七八十年代，凯恩斯主义在某种程度上已经过时了，因为弗里德曼等货币主义者对他们认为的"大政府"[①]的失败进行了回击。然而，始于2007年的经济衰退重新引起了人们对凯恩斯的兴趣，因为这次经济衰退与"大萧条"存在诸多相似之处。随着经济陷入停滞，凯恩斯在20世纪30年代的见解变得越来越有价值。

28. 欧元

欧盟现有27个成员国，而欧元是其中19个成员国使用的单

---

① 大政府（Big Government），指奉行干预主义政策的政府，一般被理解为政府的经济管理与社会控制。——译者注

一货币。这是一个独一无二的项目，因为这是第一次有这么多不同的国家同意使用相同的货币，采用相同的货币政策并实行相同的汇率。支持者们认为，欧元带来了许多好处，比如无摩擦贸易和货币零转换成本，但欧元区国家也因为失去自己制定利率和汇率的能力而遭受了损失。在各经济体之间的联系日益紧密的情况下，欧元可能成为未来的模板，也可能警示人们不同国家（拥有不同的经济）试图使用同一种货币体系时遭遇的困难。

欧元的主要目标是实现欧盟单一市场。拥有同一种货币，就免去了欧元区内部的旅行者更换货币的需要。这大大节省了交易成本，也省去了携带多种货币的需要。欧元鼓励消费者从单一市场的角度考虑问题，并使跨境到别国购买商品容易了很多。其中的逻辑是，欧元区使用同一种货币将促进价格下行压力和价格趋同。例如，如果一家比利时垄断企业对一种商品设定了高价，比利时消费者很容易就可以发现同种商品在法国卖得更便宜，并跨境购买这种商品。拥有单一货币让所有这一切成为可能。

欧元最大的优势或许在于，它永久地结束了任何汇率波动，为出口商和进口商创造了更大的确定性。在欧元出现之前，像法国法郎这样的货币可能会升值或贬值。如果法郎升值，法国出口商将会失去竞争力。而有了欧元，这种情况就不会发生，因此企业可以根据稳定的汇率制订计划。永久性的固定汇率同样意在激励传统上缺乏竞争力的欧洲经济体更加关注保持低通胀，以便在不降低货币价值的情况下保持竞争力。例如，在欧元出现之前，如果西班牙的商品价格上涨，这将导致西班牙比塞塔贬值，但使用欧元就意味着企业不能指望汇率下跌。相反，企业将不得不更加注意提高效率和降低成本。

在2007年至2009年的金融危机之前，上述诸多好处似乎都有所体现。在欧元区，贸易、旅游和外来投资都有所增加。价格出现了一定程度的收敛——尽管人们普遍认为采用欧元后物价会上涨——且通货膨胀维持在较低水平。然而，稳定的表象此后受到了金融危机及其后果的严峻考验。

到了2009年，经济衰退意味着欧洲各国政府需要增加政府借款。通常，这对政府来说轻而易举。如果货币出现流动性短缺，中央银行可以创造货币来购买政府所需要的债券。这种情况可以在英国和日本等国看到，2011年，英国的赤字远高于大多数欧洲国家，但作为英国中央银行的英格兰银行（Bank of England）帮助填补了资金缺口。然而，在欧元区，许多经济体面临困难，因为它们使用的是单一货币，所以不能创造自己的货币来购买债券。这些限制意味着利率开始上升——首先是在希腊，然后是在西班牙、爱尔兰和意大利。这些国家曾经希望加入欧元区能将利率保持在较低水平，但由于这些国家都没有自己的独立央行，因此市场担心出现货币流动性短缺，使利率大幅上升，从而增加了借贷成本。这给各国政府施加了压力，迫使它们奉行紧缩政策——削减开支并提高税收。但在遭受经济衰退的国家，紧缩政策只会使衰退变得更加严重。

此外，在经济衰退期间，希腊、西班牙、爱尔兰和意大利等国面临着来自单一货币的进一步限制。首先，这些国家无法推行独立的货币政策。它们也无法降低利率或推行量化宽松政策，因为这是由位于法兰克福的欧洲央行（ECB）操作的。其次，它们不能依靠汇率贬值来恢复竞争力。西班牙等国的通货膨胀率高于德国，这意味着这些国家的出口商品不再具有竞争力，从而导致需求下降和经济增长放缓。此外，它们也无法推行促进经济增长的政策——由于货币政策紧缩性太强而需要实行紧缩政策，而汇率被高估了。因此，各国陷入了通胀紧缩周期——试图通过紧缩政策来减少高借贷——这只会导致经济增长放缓、税收收入下降，进而导致极高的失业率。

2012年，在马里奥·德拉吉的领导下，欧洲央行确实通过更加积极地干预债券市场（购买债券并承诺"不惜一切代价"）来应对危机。这帮了大忙，但欧元区的结构性问题依然存在。在与德国和荷兰相同的汇率和货币政策下，像希腊和西班牙这样多元化的经济体能否繁荣发展？

为了进行比较，我们可以考察一下美国的情况，美国的50个州使用同一种货币。理论上，每个州都可以拥有自己的货币，但这将带来不必要的交易成本。由于美元是美国的单一货币，因此美国也有单一的货币政策和单一的汇率。现在，让我们假设美国中西部各州失去竞争力并陷入衰退，而东海岸和西海岸各州却在快速发展。那么中西部各州将会希望降低利率和汇率。但这种情况不会发生，因为利率是由美联储为整个美国经济制定的。然而，美国在语言、地理和机构方面的整体性要比欧元区高得多。如果美国中西部的人失业了，他们搬到加利福尼亚州或纽约相对容易。此外，美国联邦政府可以很容易地向经济低迷的州提供财政转移资金。

然而，如果西班牙的失业率很高，西班牙的失业者前往德国工作就要难得多。此外，欧盟只有非常有限的联邦资金可以从经济状况良好的地区转移到经济萧条的地区。单一货币在美国之所以奏效，是因为美国是一个最佳的货币区——劳动力和资本很容易在各州之间流动。但欧元区的情况更为复杂。理论上，希腊工人可以前往德国，但这么做存在语言、文化联系和住房等更多障碍。因此，目前尚不清楚欧元区是否是一个最佳货币区。如果希腊没有加入欧元区，而是保留自己的货币，它就会在应对2010年至2012年的危机时拥有更大的灵活性。希腊本可以降低汇率以增强竞争力，也可以推行量化宽松政策，而不必推行带来严重伤害的紧缩政策。

欧元危机是对整个欧元区计划的严峻考验，并造成了南欧和北欧之间的紧张关系。然而，一些评论人士并不悲观——他们认为，欧盟有能力在未来解决这些问题。例如，欧洲央行可以更加积极地帮助那些面临货币流动性和债务问题的国家（欧洲央行自2012年以来一直在这么做）。此外，欧盟可能会朝着共同的欧元债券和共同的预算迈进，这将为增加在经济萧条地区的支出提供更多资源。但是，尽管财政联盟在理论上可以缓解欧元的一些问题，但这么做也存在政治阻力：德国和荷兰选民希望看到更多的税收收入被用于补贴南欧国家吗？此外，英国脱欧和新冠疫情都在欧盟集团内部引发了新的紧张局势，这可能会威胁到欧元区的整体性。显然，欧元是对单一货币的一个有趣试验，它在未来几十年能否成功尚不确定。

第四章
致富手段的误区

29. 战争

　　我们经常听到战争对经济有利的说法。事实上，人们经常声称，战争的经济效益十分强大，以至于一些商业利益集团实际上会欢迎（就算不是鼓励）战争，因为战争有利于商业。尽管一些特定的经济利益集团确实可以从战争中获益，但战争是浪费资源（更不用说浪费生命）的典型例子，并且总是会导致生活水平的显著下降，且使经济状况恶化。

　　那么，战争对经济有利这个想法为什么会如此根深蒂固呢？20世纪30年代，"大萧条"在世界范围内导致了极高的失业率。在美国，失业率最高时超过了20%，尽管后来出现了局部经济复苏，但失业率仍然居高不下。然而，当美国刚加入第二次世界大战，失业率便迅速下降，并在几十年的时间里保持着接近充分就业的状态。而且，从1940年开始，美国人的生活水平迅速提高，并在第二次世界大战、朝鲜战争和越南战争期间得以延续。其他西方经济体的情况与美国类似。日本和德国在第二次世界大战爆发前的20世纪30年代开始重新武装部队，导致两国的失业率下降得更快。因此，军费支出和军队规模的扩大确实是减少失业的有效途径。然而，值得指出的是，通过医疗、教育和公共基础设施领域的大规模投资，完全可以达到相同的效果。主要的问题是，政府往往不愿意主动为公共工程支出和增加政府借款，但战争环境使政府增加借款变得容易。战争创造了大幅增加公共支出和创造就业（许多是在军队）的政治意愿。在20世纪30年代，尽管凯恩斯主张利用公共支出（用于医院、教育和基础设施）创造充分就业，但他的主张基本上被忽视了，直到第二次世界大战爆发。令人遗憾的是，进行充分支出的政治意愿只有在战争环境中才会出现（图4-1）。

第二次世界大战结束之后，朝鲜战争和越南战争对美国的经济增长也起到了类似的推动作用。这两场战争持续的时期都是美国政府支出增加的时期，同时也是美国经济强劲增长和经济接近充分就业的时期。

战争的另一个方面是，它可以推动技术变革，原因是政府愿意为技术创新投入大量资源。第二次世界大战带来了雷达、喷气发动机和早期计算机等技术的迅猛发展——这场战争加速了这种发展。此外，某些产业迎来了收入和盈利能力的大幅增长。在第一次世界大战期间，参战国在化学战上投入了大量资金。因此化工企业获得了政府用于开发化学武器的大量补贴，这导致了化工产业规模的急剧增长，并且这种增长在战争结束后仍在继续。尽管美国军队在1940年的规模较小，但在第二次世界大战期间，美国的工业被称为"民主的兵工厂"（Arsenal of democracy）。企业收到了庞大的订单，军备工业有了实质性的增长，因此企业获得了极强的盈利能力。第二次世界大战结束后，美国的军备工业继续发展。1961年，第二次世界大战盟军欧洲远征军最高统帅艾森豪威尔在自己的总统任期即将结束时警告称，"军事工业综合体"现在是一个强大的并可以影响公共政策的集团，它有兴趣维持秩序。

以2021年不变价格计算的成本

- 美国独立战争（American Revolution）（1775—1783）24 亿美元
- 1812 年战争（War of 1812）（1812—1815 年）16 亿美元
- 墨西哥战争（Mexican War）（1846—1849）24 亿美元
- 南北战争/美利坚联盟国（1861—1865）596 亿美元
- 南北战争/美利坚合众国（1861—1865）201 亿美元
- 第一次世界大战（1917—1921）3340 亿美元
- 第二次世界大战（1941—1945）41040 亿美元
- 朝鲜战争（1950—1953）3410 亿美元
- 越南战争（1965—1975）7380 亿美元
- 第一次海湾战争（Gulf War I）（1990—1991）1020 亿美元
- 阿富汗战争（Afghanistan War）（2001—2010）3210 亿美元
- 伊拉克战争（Iraq War）（2003—2010）7840 亿美元
- "9·11" 事件后（2001—2010 年）的总成本 11470 亿美元

图4-1 重大战争的成本

　　仅仅从20世纪的美国来看，可以说战争给美国带来了一定的经济利益。战争有助于降低失业率并可以创造更高的经济增长，一些产业从战争中获得了明显的利益。然而，对战争的这种看法是相当偏颇的。第一个也是最明显的问题是，在20世纪，美国卷入了发生在外国领土上的战争。非美国的地区遭受了战争带来的破坏。而发生战争的国家面临着非常大的结构性成本，这些成本是一种零和损失。在第二次世界大战之后进行的重建，需要数十亿美元资金用于替换在战争中被摧毁的住房和基础设施。乍一看，战后的国家重建可能像是经济活动——但这是在重演"破窗谬论"（见本书第13页）。仅仅因为我们必须修复破损的窗户或被毁的房屋并不意味着我们的生活更加富足了——各国本可以将钱用在修建新学校等更有成效的项目上，而不是把同样的钱用在重建上。

从本质上说，战争涉及非常高的机会成本。如果我们在军备上花费数十亿美元，我们就是在抢夺投资到公共卫生、环境保护或教育等更有成效的所需资源。这些损失不一定显而易见。但想象一下，如果美国在21世纪头十年花费数千亿美元建设更出色的公共交通设施，而不是用来打伊拉克战争，会怎么样？这会给美国社会和环境带来持久的利益。有时候，额外的军事支出看上去可能没有任何缺点，原因是政府借钱为战争融资。但是，在战后，公共债务需要偿还。第二次世界大战后，英国的公共债务超过国内生产总值的200%。在随后的40年里，英国和其他债务国一样在偿还战争贷款（包括利息和本金）。如果没有战争债务和偿债，各债务国本可以在其他公共支出领域增加支出（或降低

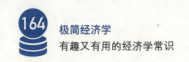

税收）。战争的长期成本在战争期间并不明显——这是一种未来成本。

到目前为止，我们忽略了战争导致的人类的成本，但这是最大的成本。首先，战争造成的死亡不仅是在战斗中死亡的士兵，还包括陷入交火的平民和在战争结束后死于疾病的人。战争导致的伤亡不仅给死伤者的家庭带来了无形的个人成本，同时还带来了非常明显的经济成本。如果一个国家因为战争失去了10%的成年劳动力，这意味着经济生产能力的直接下降。因为劳动力是生产的关键因素，如果损失了人口，经济产出就会减少。受影响的不仅仅是劳动力：战争造成的死难者也代表着无形的损失，这些人的潜力消失了。如果这些人活了下来，他们原本可能成为企业家、科学家或医生。当人们谈论战争促进经济增长（也许是由于额外支出的激增）时，这种增长是一种非常短期的好处。由于资源的浪费、生命和原材料的损失，战争对经济增长的长期影响几乎总是消极的。

此外，即使国内生产总值确实在战争期间增长，这也绝不是反映真实生活水平的指标。如果你将1000亿美元用于一场战争，然后又将1000亿美元用于战后重建，官方统计可能会显示更高的国内生产总值（因为所有这些支出），但这一国内生产总值对提高生活水平没有贡献。这就像拆掉你的房子，然后贷款重建。你的支出增加了，而这样的经历非常痛苦。

战争还有许多不那么明显的影响。首先，除了死亡，可能还会有伤员长期遭受身体或精神上的创伤。其次，除了个人成本，还有经济成本，表现为劳动力生产效率降低。此外战争还会造成恐惧、焦虑和担忧，从而降低投资动机，减少外国直接投资（显然，旅游业收入也会减少）。特别值得注意的是内战：遭受内战的国家很可能出现更低的增长率、更少的投资和极大的不确定性。IANDA[1]和乐施会[2]（Oxfam）的一份报告估计，1990年至2007年间，发生在非洲的战争成本约为3000亿美元。该报告还得出结论称，武装冲突会使一个国家的经济萎缩15%左右。

最后一点：回顾第二次世界大战可能会让人对战争的影响产生误解。从一个角度来看，我们把战后时期看作经济增长的时期。然而，这种情况并不常见。各国退出战争时通常伴随着高额债务和高通胀，并可能经历数年的经济停滞。在冲突期间，经济上落后于主要竞争对手的两个国家之间的小规模战争尤其如此。

---

[1] IANDA是非洲营养饮食负担能力指标项目。旨在开发农业和营养行动的创新方法和指标。——编者注

[2] 乐施会是一个跨越种族、性别、宗教和政治界限，与政府部门、社会各界及贫穷人群合作，一起努力解决贫穷问题并让贫穷人群得到尊重和关怀的国际组织。"助人自助，对抗贫穷"是乐施会的宗旨和目标。——译者注

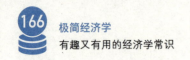

30. 贸易战

当政客们试图保护国内产业免受来自国外的廉价进口商品冲击时，常常会发生贸易战。如果一个行业难以保持国际竞争力，该行业的企业就可能面临倒闭的风险。在这种情况下，快速解决问题的方法是限制更廉价的进口产品，这样一来，企业就可以向国内市场销售更多产品。在面临大规模失业威胁的情况下，提高关税在政治上是具有吸引力的。面临失业风险的工人和面临倒闭风险的企业可能会向政府施加强大的政治压力，迫使其征收关税。如果政府征收关税，工人和企业将心存感激。关税能让企业继续经营，政府获得了一些关税收入，工人则保住了工作。

然而，关税的影响还不止于此。首先，国内消费者将面临更高的物价。如果美国一直从中国进口廉价钢材，这些廉价钢材将有助于降低美国建筑产品的价格。如果美国对进口钢材征收关税，那么其他美国企业和消费者将面临钢材价格上涨。值得注意的是，这些价格上涨可能不是那么直接可见。如果钢材价格上涨，大多数消费者不会太在意，至少与那些认为对进口钢材征收关税而保住了自己的工作的人相比，大多数消费者不会太在意钢材价格的上涨。但是，如果钢材价格确实上涨，这意味着美国普通消费者的可支配收入将会减少，因此他们对美国其他商品和服务的需求也将下降。同样，这不是那么明显，但重要的是，当你保护一些国内产业时，其他产业将因需求的小幅下降而遭受损失。

经济学家往往不喜欢关税和贸易战的一个原因是，关税和贸易战实际上是对经济中最缺乏竞争力和效率的部分进行的补贴。如果美国钢铁无法与外国进口产品竞争，那么试图保护美国钢铁行业是一个好主意吗？最有可能的情况是，美国钢铁行业正在失去竞争优势，效率低于国外企业。在这种情况下，最好是允许美国钢铁行业就此衰落，并让劳动力和资本得以流向美国具有竞争优势的信息技术或计算机等其他领域。让企业和产业衰落听起来可能很残酷，但这是现代经济中经常发生的事情。在美国，煤炭和钢铁行业曾经雇用了数百万名工人，但在过去的100年间，美国经济稳步发展，在服务业和科技含量更高的制造业创造了新的就业机会。

试图利用关税来防止经济的长期变化，只会推迟不可避免的情况所发生的时间。此外，一些经济学家声称，一旦政府试图保护日渐衰落的产业，只会使情况变得更糟。政府的这种做法是在激励日渐衰落的企业集中精力游说政府征收关税，而不是集中精力努力提高效率和生产率。关税提供了人为支持，而这些支持正是各个产业可能不愿放弃的。例如，欧盟在制定共同农业政策时提高了许多农产品的关税。关税一旦确立，从政治上取消它们就变得非常困难，从而导致欧盟消费者的食品价格永久性上涨。

贸易战的另一个问题是它们可能造成的不确定性。如果关税上涨导致其他国家进行报复，人们总是会担心，在不久的将来，其他关税可能也会上涨。关税上涨的可能性使得企业很难为扩大出口制订计划。在贸易战期间，制造商和出口商可能倾向于削减投资，原因是他们不确定自己能否以低关税出口商品。这种不确定性可能与实际关税本身一样具有破坏性。

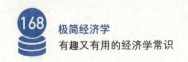 扶持农业还是重工业

政府通常不会为了保护一个衰落的行业而出手干预。然而，一些行业可能具有一种政府难以忽视的特殊情感吸引力。例如，农业可以被视为国家遗产的一部分。并且依赖食品进口会使一个经济体（和国家）在战争或贸易壁垒时期遭遇风险。此外，一些行业具有一定的威望，例如国家航空公司或国家钢铁行业，若允许这些公司倒闭可能会对政府造成不良影响。因此，政府不会允许一家知名公司倒闭并由此导致工作岗位流失，而是会进行干预并提供直接补贴。

像弗里德里希·哈耶克（Friedrich Hayek, 1899—1992）这样的经济学家对这种国家干预持强烈批评态度。他认为，从长远来看，对即将倒闭的企业进行补贴只会助长更加低下的效率。如果一家大企业认为政府可以救助自己，这可能会阻止这家企业做出企业重组（和解雇一些员工）等艰难的决定。并且如果一家大企业确实获得了政府补贴，这也不能解决效率低下和需求不足等根本问题。补贴更像是在开放性伤口上贴膏药——这么做能拖延一些时间，但不能处理真正的问题。

事实上，政府补贴可能会使企业变得更加低效。其中的论点是，如果一家企业将被政府拯救，那么专注于游说政府以获得更多资金可能更容易，而不是做出更艰难的决定——重组公司，使其能够长期盈利和生存。这就是所谓的道德风险的一个例子——政府的扶持改变了企业的决定。例如，如果各国政府救助陷入困境的银行，就像它们在2007年至2009年的信贷危机期间所做的那样，此举可能会助长银行在未来冒更大风险的行为，因为银行知道，如果自己亏损，政府可能会进行干预。尽管政府救助的本意可能是好的，但政府救助可能会对银行的行为产生负面影响，助长冒险行为和不当的决策。

同样重要的是，各个经济体都在不断发展。过去，80%的劳动力从事农业生产。到2000年，在许多西方经济体，这一比例已降至3%左右。在过去的几十年间，美国和西欧的制造业规模也出现了相对下降。但这些长期趋势并不是政府应该试图阻止的。农业和制造业规模的下降使得服务业出现了更多新岗位和新企业。当政府决定扶持重工业或农业时，这只是对可能的短期失业的情绪反应，而没有考虑大局。自由市场经济学家认为，资本主义最大的优势在于其不断进行自我改造的能力。如果一家企业或一个行业正在失去盈利能力，倒闭将允许劳动力和资本流向正在成长的、生产力更高的领域。由于劳动者难以转移到新的行业，短期内可能会产生一些成本，但从长期来看，这将带来更高的产出、效率和实际工资。因此，与其为了试图阻止经济中不可避免的长期变化而进行干预，政府干预应当更有益地被用于帮助失业者进行再培训。

如果政府对农业或工业进行补贴，一些劳动者可能会看到好处——他们有可能保住自己的工作。但政府救助存在明显的机会成本。这将意味着向普通民众征收更高的税收，从而减少他们的可支配收入，因此其他（盈利的）企业会发现民众的需求小幅下降。同样，用于补贴衰落行业的支出可能意味着政府需要削减教育、培训或基础设施等领域的支出。对教育培训和基础设施的补贴都将更有利于经济，因为这些补贴都是对市场失灵的领域进行的干预。而政府通过补贴即将倒闭的企业，并没有为经济提供任何长期利益。

另一个问题是，决定对农民或一家即将破产的企业进行补贴，可能会让政府陷入提供长期扶持的困境。如果许多农民无法盈利，政府补贴将帮助他们维持生计，但这并不能解决食品供应过剩、价格过低和更廉价的进口食品等长期问题。在提供了数年补贴之后，政府的处境依旧和以前一样。现在，政府必须决定是继续提供补贴，还是减少损失让农场倒闭。然而，如果政府决定停止补贴，它将因为导致农民破产而受到指责。事实证明，在许多发达经济体确实存在这种情况：农民经历了暂时的困难和低收入，这吸引了政府的扶持和补贴，但随后导致了他们对政府的永久依赖和强大的政治游说团体。例如，2019年，美国农民总共获得了220亿美元的政府补贴，有数千名农民获得了超过10万美元的补贴。事实证明，自从美国农业从20世纪20年代获得补贴以来，终止补贴计划是不可能的。

一般而言，政府对衰退行业的扶持不会提高经济福利，政府的扶持主要是以牺牲正在扩张的新兴产业为代价，试图扶持经济中效率低下的部分。然而，这并不意味着应该有一条反对政府干预的统一规则。在特殊情况下，政府干预可能会提高整体经济福利。例如，在严重衰退时期，企业可能难以生存——不是因为这些企业效率低下，而是因为极端的经济环境。从2020年持续至

2021年还未结束的新冠危机就是一个很好的例子。2020年，由于需求下降，许多盈利和充满活力的行业面临巨额亏损。例如，国家航空公司遭遇了需求的直线下降，面临倒闭的风险。如果新冠疫情导致的经济停摆被证明是暂时的，那么政府就有非常充分的理由扶持这些行业在艰难的一两年里继续发展。否则，经济将失去所有的熟练劳动力和一个行业现有的基础建设。只有当这些行业在几个月内倒闭时，补贴才会造成资源的浪费和不必要的失业。

然而，新冠疫情让各国政府陷入了两难的境地，因为人们无法确定新冠疫情导致的经济活动中断会持续多久。如果我们能够确定针对新冠疫情的限制措施何时结束，政府的选择就会很简单，它就有非常充分的理由扶持包括产业服务、旅游和交通运输在内的许多行业。然而，如果新冠疫情持续数年，这可能会永久性地改变经济结构。随着保持社交距离成为常态，餐饮业和旅游业可能会迎来永久性衰落。在这种情况下，政府试图保护无法在中长期生存下来的工作岗位和企业将是浪费资源。而政府最好是将自身有限的资源用于对工人进行再培训、支付可观的失业福利以及帮助经济体适应一个保持社会距离的新世界。相反，扶持新冠疫情前的经济只会延长经济再调整的难度，而且将是对资源的一种浪费。

32. 金钱 ≠ 幸福

1972年，不丹国王宣布，国民幸福总值将作为该国衡量经济成功的指标，而不是采用更为常见的国内生产总值。

国内生产总值是一个衡量国民收入的简单标准，但国民幸福总值是一种衡量所有决定生活水平因素（健康、环境、工作与休闲的平衡等）的方法。不丹国王的方法表明，生活水平取决于许多因素，而不仅仅是人们拥有多少钱。当时，一些人认为不丹的目标是一个相当古怪且有趣的想法，但西方经济体不应对此太过认真。然而，在过去几十年里，随着经济学家（以及非经济学家）越来越多地质疑收入的增加是否有助于改善我们的生活质量，幸福经济学变得愈发受欢迎。

在经济学的发展过程中，古典经济学家假设，收入的增加会导致效用（幸福）的增加。这是一个简单的假设：如果我们可以购买更多的商品和服务，我们的总体满意度就会上升。并且这是一个许多人都能理解的假设，对世界上的许多人来说，获得更多金钱实际上会提高他们的生活水平。如果你每天的生活费是2美元（7亿多人都是如此），收入的增加将使你有能力购买更多的食物和更好的住房，并可以找医生看病。所有这些商品和服务无疑会带来更好的生活水平和生活质量。我们永远不应该忽视的一点是，

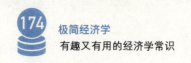

对许多努力维持生计的人来说，增加收入无疑是非常受欢迎的。

然而，如果我们获得了很多钱，这真的会让我们的生活变得更好吗？如果我们的收入从每天2美元翻倍到每天4美元，大多数人会认为这是生活水平和幸福感的显著提高。但当我们的收入从50万美元翻倍到100万美元时会发生什么呢？研究幸福经济学的经济学家布鲁诺·S.弗雷（Bruno S. Frey，1941—　）指出，我们通常会大大高估薪水上涨带来的好处，而大大低估良好的友谊和社交能力等与金钱无关的活动带来的好处。

我们首先要记住的是一个被称为金钱（财富）边际效用递减的概念。这一概念指的是，当我们穷困潦倒时，额外的1000美元将对我们的生活水平产生极大的影响。有了这额外的1000美元，我们可以买到食物等真正有用的东西，并支付房租。然而，对于百万富翁来说，额外的1000美元只会带来微乎其微的好处。因为百万富翁已经拥有了我们日常生活所必需的所有商品和服务。给百万富翁额外的1000美元，他们可能很难合理地花掉这1000美元。也许他们会用这些钱买第二辆或第三辆车，或者买某幅有价值的画作，又或者，他们很可能会把这笔钱存进银行。有些人只能从金钱的积累中获得快乐，但他们获得的快乐显然比极度贫穷的人少得多。

安德鲁·T.杰布（Andrew T. Jebb）在2018年所做的一项研

究表明，对情绪幸福感而言，最佳收入水平为每年6万美元至7.5万美元之间。到目前为止，人们的生活水平和生活质量有了显著的提高。然而，当年收入增长至7万美元以上时，我们就很难注意到生活水平和总体幸福水平有明显的提高。事实上，获得高薪可能存在巨大的成本，这些成本会损害我们的生活质量。要想获得高薪，可能需要承担一份责任重大、压力巨大的工作。也可能意味着我们需要牺牲内心的宁静和闲暇时光，甚至可能导致人际关系的冲突，而人际关系是我们在追求金钱时牺牲的东西。当然，低收入的工作也可能压力重重，但通常，为了挣更多的钱，我们会加班加点，试图给老板留下好印象；或者将醒着的每一刻用于努力建立自己的事业。

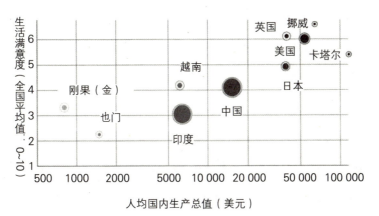

图4-2　生活满意度对应的国内生产总值

全国人均自述生活满意度，等级范围 0~10（参照 2017 年）

　　另一个极端情况可能是因为好运而获得一大笔钱——从亲戚那里继承钱财或可能赢得彩票奖金。两者都有各自的缺陷。有很多彩票中奖者在获得一笔意外之财后变得不知所措，发现他们与朋友和家人的关系因一种要给他们钱的微妙压力而变得紧张。如果我们获得了大量的财富，从理论上讲，我们可以过一种奢侈生活，并且不需要工作。然而，对一些人来说，这可能是出乎意料的考验。如果没有足够的目标，非常富有的人可能会变得懒散，发现自己的生活缺乏足够的意义。当我们不得不为了生计工作时，这给了我们生活的目标和满足感，但如果我们在30岁退休，我们可能会变得百无聊赖和无精打采。

　　获得金钱同样会产生一系列问题。手握巨额财富时，我们会觉得有失去它的风险，可能不得不在安保方面花更多钱，或者我们可能会为如何储蓄和投资这笔财富而忧心忡忡。如果我们把自身价值建立在拥有多少钱的基础上，那么，即使收入增加，我们可能仍然会嫉妒那些拥有更多钱的人。追求财富的目的往往不是为了使我们有能力购买商品和服务，而是追求财富这一行为本身成为一种目的。它的一个很大的动机是拥有比别人更多的财富。因此，即使收入增加，可如果我们的收入相对而言仍然少于其他人，我们可能不会感觉更加富足。

　　一些经济学家就此提出建议，我们需要重新评估金钱的重要性。提勃尔·斯托夫斯基（Tibor Scitovsky, 1910—2002）著有《无快乐的经济》（*The Joyless Economy*）一书，他在此书中批判了"更高的收入和消费将导致更高的福利"这一标准经济学观念。他指出，更高的消费会导致人们追求转瞬即逝的快乐，比如购买最新式的电子产品和大型汽车，但真正的生活质量是通过追求需要努力、创新和坚持不懈的技能、兴趣爱好和活动（例如运动、音乐、冥想）获得的，而不是通过金钱获得的。舒马赫认为，我们需要优先考虑的是环境和对他人的关切等问题，而不是个人财富。他认为，增加我们的财富会增加生活的复杂性，并增加使我们变得快乐所需的东西，但这让我们远离了简单快乐的生活方式。更多的财富只会导致更多的需求和压力。"需求的每一次增长，往往都会增加一个人相对于外部力量的独立性，而外部力量是一个人无法控制的，因此会增加生存的恐惧。" [11]

在过去50年里，西方世界收入的增加也导致了问题的出现。例如，科学家们讨论起"富贵病"（Diseases of Affluence），拥有更多财富的问题在于，这导致了久坐时间更长的生活方式、不健康的饮食和更严重的污染。所有这些因素都导致了心脏病和癌症等严重的健康问题，以及致使大城市的生活吸引力下降的污染和拥堵。

当然，收入的增加是否会导致生活水平的下降尚不确定。然

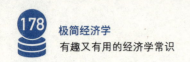

而，对许多人来说，过去几十年间收入的增加并不一定转化成了更高的生活满意度，因此，优先考虑人民幸福和总体福利应该被纳入经济政策。

33. 自由贸易

据说，经济学家们能够达成的为数不多的共识之一就是肯定自由贸易的好处。自由贸易引导了更低的价格、更大的竞争、规模经济效益，并为出口型产业创造了更好的机会。然而，尽管就自由贸易理论上的好处达成了一致，但一些经济学家指出，如果各国希望变得更加富有——它们希望从发展中经济体发展为发达经济体——它们就应该愿意使用关税。考虑到自由贸易获得的广泛支持，这听起来可能令人惊讶。但张夏准[1]等经济学家指出，许多现在称颂自由贸易好处的发达国家在本国经济扩张和成长时却都依赖于关税。即使像英国和美国这样以其"自由贸易凭证"而闻名的国家，实际上也采取了相当程度的保护主义。例如，英

---

[1] 张夏准，英籍韩裔经济学家，著有《富国陷阱：发达国家为何踢开梯子》（*Kicking away the Ladder: Development Strategy in Historical Perspective*）一书。——译者注

国从18世纪早期到19世纪中期采取了保护主义，美国从19世纪中期到第二次世界大战采取了保护主义措施。更近期的例子包括东南亚国家和地区，它们在经济快速发展时期为自身发展中的产业采取了一定程度的关税保护措施。

发达国家曾经采取各种形式的关税保护主义，但现在却希望其他所有国家坚持自由贸易，这被经济学家弗里德里希·里斯特（Friedrich List，1789—1846）比作"踢开梯子"。发达国家在采取保护主义之后却颂扬自由贸易的好处，这在一定程度上是虚伪的。提出比较优势理论的19世纪经济学家大卫·李嘉图给出了一个关于自由贸易好处的著名例子。李嘉图的理论认为，各国应该生产自己相对而言最擅长生产的产品（最低的机会成本）。他表示，葡萄牙相对而言最擅长生产葡萄酒，而英国相对而言最擅长生产成衣。他的例子表明，英葡两国可以从专门从事各自最擅长的领域并进行相互贸易中受益。专攻某一领域和贸易将增加两国的经济福利。

然而，剑桥大学经济学家琼·罗宾逊（Joan Robinson，1903—1983）表示，现实世界并不像李嘉图在教科书中的例子那样一目了然。她指出，这种比较优势法则可能意味着一些国家陷入经济欠发达状态。用李嘉图的例子来说，葡萄牙的经济可能会以种植葡萄和酿造葡萄酒为基础。相比之下，英国将发展成为制造业中心，这将赋予英国经济更久的持续增长和更大的发展潜力。一个近些年的例子使这个问题更加突出。非洲国家可能会发现，它们目前的比较优势在于生产初级产品——种植水果或咖啡豆，或开采金属。因此，根据比较优势法则，这是非洲国家应该专攻的领域，而发达国家可以专攻制造业和服务业。然而，非洲面临的一个重要问题是：从长远来看，专注农业和初级产品对它们有帮助吗？

如果一个经济体仅仅专攻简单的农业产业，它可能会面临各种问题。首先，农产品的价格可能出现波动——当价格下跌时，收入就会下降。其次，初级产品经济的增长空间有限。随着收入的增加，消费者对农产品的需求只会出现小幅增长，而对电脑和手机等工业制成品的需求则大得多。在以农业为基础的经济中，提高教育和劳动生产率的动力较小，而提高教育和劳动生产率能够实现更为持续的长期经济增长。因此，人们认为，当发达国家谈论自由贸易的好处时，并不是所有国家都能一致受到这些好处的影响。自由贸易给那些目前在制造业等高附加值产业具有比较优势的富裕国家带来了更大的好处。

美国第一任财政部部长亚历山大·汉密尔顿（Alexander Hamilton）曾明确提出了"幼稚产业理论"[1]（Infant Industry

---

[1] 又称"幼稚产业保护理论"。——译者注

Argument）。他认为，政府应该保护那些正在努力发展的新生产业。当时，美国的制造业还处于起步阶段，新企业难以与来自欧洲的更强大的对手竞争。汉密尔顿表示，美国有充分的理由征收保护主义关税，以使这些新生的美国制造业企业站稳脚跟。一旦这些企业发展壮大，它们将享受更多的规模经济效益，并具备国际竞争力。到这个时候，他们将不再需要关税保护。然而，如果没有这个关税保护阶段，新生产业可能永远不会起步，而经济也将陷入增长缓慢的农业经济。值得注意的是，幼稚产业理论并不支持为了成型产业征收关税，而是只适用于特殊情况，即一个试图发展和实现多样化的经济体。

在现代背景下，幼稚产业理论对世界上最贫穷的经济体是有意义的，这些经济体主要以初级经济领域为基础，且最近几十年的经济增长率很低。这些经济体不应只关注短期比较优势，而是应该努力实现经济多元化，发展新型制造业。就像18世纪的美国一样，要使这些产业起步可能需要征收关税。但严格遵守自由贸易可能意味着一个经济体将难以发展和变得更加富裕。

值得一提的是，一些经济学家认为，将英美两国经济上的成功归因于保护主义的说法太过简单了。美国经济得以发展的原因是高识字率、强劲的投资以及服务业生产率的提高。甚至有可能出现这样的情况：尽管不存在保护主义因素，美国经济还是得

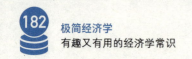

以迅速增长。此外，关税措施和试图使经济多样化的努力可能不一定奏效。20世纪60年代，一些非洲经济体试图通过国家干预和关税相结合的方式发展制造业。这基本上是不成功的，因为它们的经济在当时缺乏足够的基础建设来实现这一飞跃。世界范围内的平均关税壁垒在第二次世界大战后得以下降，而此时恰逢全球（特别是在亚洲和金砖四国，即巴西、俄罗斯、印度和中国）经济强劲增长的时期。这种经济的强劲增长可以部分归功于自由贸易，尽管这并不意味着自由贸易总是问题的答案。如果各国即将实现经济多元化，适时的关税可以为本国经济的发展做出贡献。

第五章
生态炸弹

34. 自然

在古典经济学中，自然的作用就算没有被完全忽视，也往往被低估了。经济学模型专注个人效用最大化，却对更深层次的生态问题的关注或认识有限。根本问题在于，基本的自由市场经济学模式赋予了人们通过消费商品和服务实现效用最大化的自由。然而，在过去50年间，我们越发意识到，生产和消费的增长正对环境产生重大的影响——导致物种和栖息地的消失、农田的退化以及使天气变得更不稳定的全球变暖问题。即使忽略环境的内在价值，我们现在也意识到对环境的破坏将对我们的生活质量产生非常负面的影响——如果不是现在，那么这种影响在未来会越发严重。

外部性是经济学中的一个重要概念。外部性指的是对第三方的影响。如果你燃烧煤炭，既会产生个人成本也会产生个人利益（让你保持温暖），但烧煤会造成污染，并破坏空气质量。而空气质量下降会影响到社会中的其他人，无论他们是否烧煤。在工业革命之前，燃烧化石燃料导致的这些外部成本可以忽略不计，因其总体污染非常小，不会产生明显影响。然而，随着工业化程度的提高，例如污染等外部性变得更加重要。在人口稠密的大城市，家庭燃烧煤炭会造成严重的污染问题并损害健康。

如果在生产或消费过程中存在负外部性，那么自由市场往往会导致社会效益低下的资源分配。如果存在和燃烧煤炭一样的负外部性，就会出现过度消费。在你居住的城市，如果每个人都在烧煤取暖，那么当你决定是否烧煤时，你通常不会将外部成本考虑在内。其结果是，个人理所应当地做出了燃烧煤炭的决定，但这导致社会遭受空气污染的影响。直到20世纪50年代，英国和美国等发达经济体才采取措施，禁止在家庭用火中燃烧煤炭。当时，伦敦遭遇"1952年大雾"，英国采取了行动。由于一段时间的极寒和无风天气导致天空中形成一层厚厚的污染物，其中大部分污染物是由燃烧煤炭释放的。这直接导致了至少4000人死亡。当空气污染如此严重时，人们会同意采取行动的必要性。然而，人类活动给环境带来的许多外部成本是不太容易观察到的。今天，如果我们在家里通上电，这对空气质量不会有任何明显的影响。然而，如果电力由化石燃料产生，就会生成二氧化碳和污染物等具有负外部性的产物。这种产物将被排放到远离城市的地方，"眼不见，心不烦"。但这种排放物可能导致全球变暖和全球空气污染，但全球变暖和全球空气污染与我们的联系并不那么明显。

从理论上讲，外部性问题是有解决办法的。如果开车给社会造成了某些成本（污染、拥堵等），政府可以征收足够的税款，让人们支付全部社会成本。若开车更加昂贵，这会将消费和污染减少到符合社会效益的水平。只要我们能对外部性进行衡量，就有可能让人们为所有社会成本买单。

但外部性的另一个问题是，我们很难准确地衡量外部性的成本。例如，如果碳排放的持续增加导致全球变暖，地球温度上升2摄氏度、3摄氏度或4摄氏度的代价是什么？我们可能在已经来不及逆转全球变暖或灾难性的环境变化时才会知道答案。煤炭燃烧会产生烟雾，其成本是显而易见的。但是，在全球范围内排放最多碳的那些人可能感受不到全球变暖的成本。例如，由于工业化国家的高强度排放，面积很小的岛国目前正受到海平面上升的影响。虽然对于工业化国家来说，全球变暖导致了巨大的成本，但对于岛国来说，全球变暖已经成为一个生死攸关的问题。

经济学家试图对外部性的成本进行评估。这是通过估算等价的货币成本来实现的——比如，清理污染的货币成本或者预期寿命缩短的货币成本。然而，尽管人们努力将外部性考虑在内，但对外部性成本的评估仍然依赖于：根据环境对人类的影响来衡量环境的货币价值。这一模式的批评者可能会声称，拯救物种和环境栖息地具有内在的道德价值——即使这对人类而言没有直接的货币价值。例如，砍伐亚马孙雨林并用农业取而代之，特别是养牛和种植供人与牛食用的大豆——这么做存在明显的经济动机。然而，此举正在对可能永远无法被替代的环境系统造成破坏。动植物物种可能会永远消失。我们可以从经济学的角度指出这一决定的潜在经济成本——物种的消失可能意味着我们失去了一种可以在未来成为药物的宝贵植物。失去雨林会降低地球吸收二氧化碳的能力，导致全球变暖的加剧。从这个角度来看，我们有强大的动机限制和防止对雨林的破坏。然而，除了这一经济动机之外，我们可能需要在保护世界环境的决定中纳入非经济推理。

对传统经济学的另一种批评是，传统经济学微妙地鼓励了一种消费主义。对增加的实际国内生产总值或一个国家的国民产出进行评估，并让自然为我们服务，这是经济学赖以建立的基础。然而，你可能会说，这助长了一种更加自私的方法，我们借此方法只关注自己如何将消费水平和人类生活水平提升至最高。相比之下，对待生活的另一种方法是把与自然环境和谐相处作为首要目标。这可能导致国内生产总值和物质消费水平的下降，但它也可能鼓励一个不那么受消费驱动、更满足于重视非货币目标的社会。将这种对自然的尊重融入经济学是一种挑战，因为经济学面向的是产出和收入。

对于我们给环境带来的影响，一些经济学家不那么悲观。他们认为，最糟糕的环境成本往往出现在工业化的早期阶段，而随

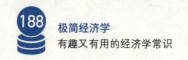

着各经济体的发展，它们实际上有能力、收入和意愿投入更多的资源来保护环境。

例如，近几十年来，西欧经济体的碳排放已经开始下降。随着收入的增加，人们有了能够保护自然的能力，也更加意识到自然的价值。当人们生活穷困时，如果他们专注于提高产出和收入，这是可以理解的。但是，一旦人们达到了一定的生活水平，保护环境就成了一项更具优先性的任务。

我们应该保持乐观的另一个原因是新技术的快速发展，新技术正在帮助我们替换旧的能源生产方式。例如，近年来，太阳能和风能等可再生能源的生产力、利用效率正大幅提高，而价格则大幅下降。目前，使用可再生能源发电比使用化石燃料发电更便宜。这说明市场的力量产生了解决自身问题的方案。化石燃料等不可再生资源是有限的，而且生产成本会越来越高，所以可再生资源的吸引力将不断提高。因此，对于我们共同面临的环境问题存在一些相对应的市场解决方案。

然而，即使是最有激情的自由市场经济学家也会承认市场的局限性。自然在经济中没有发言权，仅仅依赖市场的运转将导致长期的环境问题，而这些问题的严重程度可能是毁灭性的。一些环保主义者认为，我们大大低估了辐射、水污染、空气污染以及土壤遭到破坏等问题的成本。后世在回首这个时代时，很可能会认为这是一个错失保护环境良机的时期、一个仅仅因为我们想要更廉价的能源和更多的消费品而将巨大的赌注压在未来的时代。

35. 共享资源

如果你拿起一本经济学书籍，头几章的内容往往和私人商品有关——你可以声称拥有并实际拥有的商品。例如，如果一个人有100美元，他能买多少苹果和梨？企业可以对自己生产的商品收取什么价格？然而，经济学如何处理那些没有人可以真正拥有的商品呢？这些商品在本质上由我们所有人共享。例如，生活中最必不可少的"商品"也许是水和空气。我们甚至不认为它们是商品，而常常认为它们是理所当然的。

如果有人把垃圾扔在你的后花园，你可以采取行动并将此事报告给警察。但如果有人污染了我们共同呼吸的空气，我们该如何处理这种情况呢？我们中的许多人很可能会感到无可奈何，尽管这是一种不属于任何人的共享资源，但对每个人都至关重要。你无法推销空气，将它装进瓶子或卖出去，但与此同时，我们呼吸的空气会受到他人决定的影响。例如，空气污染加剧会给哮喘病患者带来严重的健康问题。据估计，仅在美国，每年就有20万人死

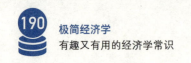

于空气污染。因此，空气是一种我们管理得不是很好的共享资源。

在经济学中，优质空气可以被称为一种公共产品。公共产品具有两个特征——非竞争性和非排他性。这意味着，首先，如果你呼吸洁净的空气，这并不会减少其他人可以获得的空气数量。其次，如果你净化了一座城市上空的空气，城市里的每个人都将受益，因为你无法阻止任何人呼吸这种更洁净的空气。相比之下，如果你买了一辆汽车，没有你的允许，其他人不能使用它。

公共产品的这些特征可能使自由市场提供最优结果变得更具挑战性。例如，我们都可以通过如下方式改善所在城市的空气质量：避免开汽油车或柴油车，而是步行或乘坐公共汽车。如果每个人都做出这样的决定来改善空气质量，我们将从改善后的生活质量和更长的预期寿命中受益。然而，问题是，在一个拥有数百万居民的城市，他人付出努力而我们搭便车的做法总是很诱人。如果其他人都在改善空气质量，而我们开车进城，我们不仅可以得到空气质量改善后的好处，旅途也将更加快捷。问题是，面对这些动机，我们往往会忽略共享资源受到的影响，而专注于如何从我们面临的选择中将自身效用最大化。

许多潜在的公共产品与环境有关。例如，如果我们出钱建设更好的防洪设施，我们就可以减少海平面上升带来的破坏。然而，防洪设施是公共产品的另一个例子。如果有防洪设施，每个人都将受益——即使是那些并未承担防洪设施成本的人。因此，一家企业不太可能建造防洪设施或采取某种改善环境的行动，因为很难让人们为这些设施或行动买单。面对良好环境等公共产品的缺乏问题，往往解决之道是某种形式的政府干预。政府可以征税并用税收付款，以此迫使城市中的每个人为公共产品付费。这样一来，搭便车就不可能了，公共产品也将出现。至于空气质量，政府也可以通过立法来限制一定程度的污染，所以我们不必依赖自发的限制。

　　然而，环境保护面临的一个挑战是，其成本和收益可能不会立即显现出来。许多空气污染物是看不见的，当人们过早死亡时，空气质量可能不是一个迫切的问题。例如，空气污染会导致肾病、痴呆和心脏病。但我们会说人们死于由空气污染引起的疾病，而不是死于空气污染本身。

　　共享资源的另一个问题是：我们共享清洁的空气和水源，但我们在与谁共享？空气中的污染物水平是一个高度全球性的问题。例如，来自欧洲的污染物排放将影响地球上的每一个国家。因此，我们不能只是在国家层面就空气污染问题做出决定，我们需要全球合作。此外，我们不仅与其他人共同面临着这个问题，我们还与后世共同面临着这个问题。我们现在就污染和空气质量所做的决定将影响未来的人们——可能比对我们自己的影响大得

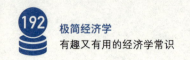

多。所以就公共产品做出最优决策，需要具备一种能够考虑所有不同利益相关者的能力和意愿。

共享资源对经济学提出了一个挑战，原因是许多经济学模型都只基于有关个人效用最大化、私人产品和私人决策的概念。当我们将后世以及对环境造成的潜在灾难性破坏的风险考虑在内时，我们就需要比以往更加强调共享资源的重要性。这可能增加经济增长的不可知性。如果我们给予空气和水等共享资源更大的权重，最理想的结果也许不是实现经济增长最大化，而是优先实现共享资源的可行化和可持续化。这可能同时需要实现更加公平的财富分配。例如，一家拥有土地并提供就业机会的大型跨国公司可能会损害共享资源，原因是如果让这家企业来做决定，它们很可能会优先考虑自身的利益，而不是公共福利。

此外，共享资源问题的解决之道可能不仅仅是依靠政府干预。理性选择理论这一经济学模型可以假设个人会成为搭便车者——也就是说，如果其他人不保护共享资源，那么保护共享资源就没有意义。然而，人类不仅仅受金钱和自私的目的所驱动，除此之外，还存在强大的社会压力、利他主义和为社会做出贡献的愿望。这些愿望通过唤起人们更美好的本性和对美好环境的向往，引导人们可以在不单单依靠政府干预的情况下管理一些共享资源。

　　人类学家和社会学家声称，有很多例子表明，人们可以有效地管理共享资源，因为地方社区创造了强大的社会纽带，鼓励人们以保护环境和以可持续的方式行事。这种态度和行为上的变化似乎超出了经济学的范畴，而属于哲学的领域，但经济学仍然可以发挥作用。例如，行为经济学表明，我们很容易被影响从而采取不同的行为。例如，如果我们每周都要展示自己的回收箱，就会产生一种微妙的社会压力，迫使我们回收资源，以跟上邻居的步伐。同样，如果高污染汽车因为税收和广告宣传受到强烈打压，购买污染更加严重的运动型多用途汽车可能会成为一种"不时尚"的行为。未来赢得最多声誉的汽车很可能不是过去那种耗油量大的汽车，而是超高效、低污染的电动汽车。

36. 航空旅行

　　航空旅行会产生大量碳排放和污染。据估计，一趟从伦敦到纽约的长途飞行会产生986千克（2174磅）二氧化碳。为了让这个数字更容易理解，我们来看看以下信息：世界上有56个国家的年人均二氧化碳排放量低于986千克。因此，一次长途飞行中产生的二氧化碳排放量比许多人一整年的排放量还要多。航空运输业人士指出，航空运输业排放的二氧化碳仅占全球二氧化碳排放总量的2%。然而，许多人认为，更准确的总体占比可能比上述比例高出2倍或2.5倍。这是因为飞机排放的不仅是二氧化碳，还有一氧化二氮（它会破坏臭氧层）。不仅如此，飞机还会排放可以形成卷云的烟尘和水蒸气，卷云可以在夜间将热量反射回地球。除了飞行产生的各种温室气体排放之外，建造飞机、为飞机提供服务以及人们前往机场等相关的行业也会产生二氧化碳排放。因此，航空运输业的净效应要比2%这个总体数字更大。此外，这个数字是全球平均水平，但大多数航空飞行集中在富裕国家。在欧盟，航空飞行排放的二氧化碳占总排放量的3.8%。

让情况更加糟糕的是，至少在新冠疫情之前，人们预计航空旅行的需求将大幅增长，预计到2050年，增长幅度将高达300%。此外，与汽车不同的是，飞机靠可再生能源和混合动力电

动引擎飞行要困难得多。电池驱动的引擎根本无法提供足够强大的动力让飞机飞离地面，更不用说进行9小时的飞行了。所以，航空旅行对环境的影响无疑是很高的，而且未来可能还会增加。如果我们致力于减少二氧化碳排放和污染，致力于减缓全球变暖，我们就需要对航空运输业采取某种行动。问题是：我们应该做出何种改变，并在多大程度上做出改变？如果航空旅行造成了重大的环境成本，我们是否应该考虑只在自己的国家度假，而放弃前往遥远目的地的机会？

经济学家的答案很可能是援引"社会效益"这一概念，并试图在最终的机票价格中包括飞行的所有外部成本。仅仅因为飞行会造成污染和二氧化碳排放并不意味着飞行的社会效益水平是零污染，也不意味着所有航空飞行都应该被禁止。然而，同样地，我们也不应该只把问题留给市场，而忽视飞行的外部成本。为了说明问题的重要性，我们需要知道，一些航空飞行可能具有比其他航空飞行更大的社会利益。当一位商人乘飞机前往另一个国家时，他可以带来产生经济利益的外国投资，或者，一名慈善工作者可能乘飞机到其他地方帮助分发援助。然而，有些航空飞行，比如从欧洲前往纽约的周末购物之旅，只会产生边际收益，如果机票价格更高，我们可能会放弃前往纽约的周末购物之旅，而是在自己的国家购物。

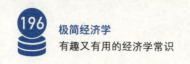

碳税

碳税是指对化石燃料（柴油、汽油、航空燃料）征收的一种税，税额相当于飞行的全部社会成本。例如，如果一趟飞往美国的航班每次飞行的环境成本估计为200美元，那就应该征收200美元的碳税。碳税导致的机票价格大幅上涨将阻止许多旅行者进行他们认为不必要的航空旅行。这将鼓励人们在离家更近的地方度假。但对如此高的航空税的批评认为，这种税似乎是不公平的，它伤害了那些负担不起机票的人。然而，经常乘坐飞机出行的主要是高收入者，低收入者不会每年花费2000美元乘坐飞机。因此，对飞行征收的碳税很可能是累进制的——向高收入者收取更高比例的碳税。这种方法的一种变通做法是，航空收费随着乘机次数的增加而增加。这意味着，经常乘坐飞机的乘客会发现收费在增加，而一年乘坐一次飞机的乘客仍将相对能够承受。同样值得记住的是，航空燃料不像其他商品那样会产生增值税，而且一些航空公司在运营和基础设施开发方面获得了政府补贴。

任何一种税的一个显著优势是，税收可以用来削减其他现有的税收或投资绿色技术、绿色交通或有助于改善环境的计划。因此，航空税对那些不坐飞机或者不经常坐飞机的人来说非常有利。对飞行征收碳税的好处是，它使人们得以保留是否坐飞机的选择。飞行没有被禁止，飞行的次数也没有受到限制，所以，愿意支付更高价格的人可以继续飞行。然而，高额的航空税可能会鼓励人们改变自己的长期行为，减少前往遥远的地方旅行。

　　碳税根据飞行的碳足迹[①]而有所不同。例如，相对较低的碳足迹来自那些往飞机里塞进尽可能多的乘客的廉价航空公司。头等舱座位的碳税要高得多（头等舱座位占用了更多的机上空间，因此二氧化碳排放量也更高）。碳税也会因行程长短而有所不同；相比短途飞行，里程很长的飞行将导致更高的碳税。这将显著提高长途旅行的价格——让乘客支付旅行的全部社会成本。征收高额碳税的另一项优势是，它为航空运输业尽可能减少碳排放创造了一种强大的动力。据估计，高达10%的航空排放是没有必要的。因此，提高碳税可能会鼓励航空运输业减少因在机场上空等待航线[②]浪费时间而导致的过量排放。如果碳税是一个全球性倡议，那么更高的碳税也将降低航空公司在燃料廉价的国家装载大量燃料，然后在超重状态下飞行（造成不必要的排放）的动机。从长远来看，化石燃料价格的上涨将刺激人们开发目前无力

---

① 碳足迹（Carbon Footprint）是指企业机构、活动、产品或个人通过交通运输、食品生产和消费以及各类生产过程等引起的温室气体排放的集合。它描述了一个人的能源意识和行为对自然界产生的影响，号召人们从自我做起。——编者注
② 飞机在着陆点上空待降时的飞行航线。——译者注

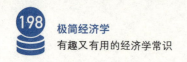

负担的替代技术。

国际民航组织（International Civil Aviation Organization，简称ICAO）是联合国管理的航空碳排放的机构。高额碳税的一个替代方案是由国际民航组织提出的一个机制。该机制的大意是，航空公司可以使用更多的化石燃料并燃烧产生二氧化碳，前提是航空公司通过购买碳信用①来抵消这些额外排放。这些碳信用可以包括植树、防止森林砍伐或安装太阳能电池板等项目。许多航空公司已经自愿签署了这些碳补偿方案，因为这使它们得以声称自己在促进乘客数量可持续增长的同时保持了碳中和。然而，环保组织往往对碳补偿持更加怀疑的态度，认为人们很难得知这些项目是否真的抵消了更高的碳排放水平带来的影响。

另一项由欧盟提出的政策是排放交易机制。根据这一机制，所有在欧洲运营的航空公司都必须监控与核实排放量，并使用各自的排放许可（配额）支付一定水平的排放量。该机制的想法是，随着时间的推移，污染许可将逐步减少，从而产生减少排放或支付高价购买污染许可的动机。这些许可将从2021年开始

---

① 碳信用（Carbon Credits）又称碳权，指在经过联合国或联合国认可的减排组织认可的条件下，国家或企业以增加能源使用效率、减少污染或减少开发等方式减少碳排放，由此得到可以进入碳交易市场的碳排放计量单位。——译者注

减少，并到2068年截止，目标是到2068年在欧洲实现飞行"脱碳"。这是世界上最雄心勃勃的减少航空旅行排放的机制之一。

３７. 脂肪税是合理的

脂肪税一词指的是对导致肥胖的不健康食品征收的特定税。例如，对含糖饮料征收的税，或者对含有高脂肪、糖和（或）盐的零食征收的税。脂肪税的目的是激励人们吃得更健康，并为降低社会上的肥胖率和不健康水平做出贡献。因为肥胖率在过去的20年间显著上升，在美国，肥胖率从2000年的30%上升到了2018年的42%。肥胖不仅会导致更短的预期寿命和各种健康问题，还伴随着明显的经济成本。据估计，美国2006年用于肥胖这一项的医疗费就达1470亿美元，或者说，每名肥胖者平均要多支出1429美元的医疗费。

"脂肪税"这个名字引起了一种情绪反应，原因是它听起来像是带有评判甚至羞耻的成分。更好的名字可能是"糖税"或"健康饮食税"。此外，人们指责脂肪税并认为政府没有权力告诉人们应该吃或喝什么。然而，从经济学的角度来看，征收脂肪税的逻辑并不是对人们进行羞辱或者告诉他们应该吃什么，而是

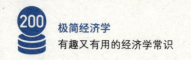

创造一种经济激励，让人们更健康、更长寿，并减少社会上的肥胖现象。

征收脂肪税的一个理由是，当你吃不健康的食物时，消费这种食物会产生一种外部成本。如果含糖饮料导致肥胖和糖尿病，意味着它们就会导致更高的医疗成本，而这些医疗成本需要全社会承担。在英国尤其如此，由所有纳税人出资的英国国家医疗服务体系（National Health Service，缩写NHS）在使用时是免费的。肥胖和健康状况不佳不仅会增加医疗成本，还会导致其他经济后果：由于健康状况不佳，劳动者需要更多的休息时间，由此降低生产效率。当我们吃不健康的食品时，我们直接面对的是这种食品的实际成本，但长期的健康和经济成本实际上被隐藏在了我们支付的价格之中。这些未来的医疗成本将由所有纳税人承担，无论他们是否消费含糖饮料。如果高脂肪食品确实会导致健康问题，那么税收就是一种让消费者支付全部社会成本的方式。理解脂肪税的另一种方法是认识到不健康食品目前的市场价格远低于它的社会成本。从某种意义上说，社会在补贴不健康食品，因为医疗保健费用是由纳税人而不是购买不健康食品的消费者支付的。

一般来说，人们不喜欢纳税，我们尤其不愿意接受新税。但是，从经济学的角度来看，我们应该始终从机会成本的角度考虑问题。如果我们拒绝筹集（比方说）100亿美元的脂肪税，那么拒绝这项税的机会成本就是100亿美元，而我们需要通过其他形式的税收（所得税、销售税等）筹集这100亿美元，以支付治疗肥胖和心脏病的成本。让脂肪税更受选民认可的一种方法是将其变成抵押税，将筹集到的所有税收直接用于医疗服务。如果脂肪税确实筹集到了100亿美元，所有这些额外资金将用来建造更多医院和支付更多治疗费用。因此，我们可以清楚地看到脂肪税的好处——更短的等待名单和更好的医疗保健服务。

对脂肪税的一种批评认为，它代表着政府干预，告诉人们应该吃什么或消费什么。但这是一种误解：每个人仍然有权决定吃什么，他们只是需要缴纳脂肪税。如果你真的喜欢含糖饮料，而且不担心可能的健康后果，你就会继续消费。然而，如果你是出于习惯而消费，增税可能会鼓励你减少含糖饮料的消费，而以喝水代替。脂肪税的替代方案可能是限制饮料中含糖量的政府法规，也可能是对不健康食品销售实施的限制，比如英国在2018年出台的软饮料产业税。软饮料产业税避开了这些法规和限制，而将问题留给市场。如果你真的喜欢含糖饮料，你可以继续购买。唯一的不同是，现在你将支付更高的价格，并为你在将来的医疗贡献更多的税收。

对脂肪税的另一种批评认为，脂肪税是累退税[1]，可能会加剧不平等。与高收入人群相比，低收入人群受脂肪税的影响相对更大。作为收入的一部分，脂肪税对富人来说无关紧要，但对低收入者来说却是一个沉重的负担。从这个意义上说，脂肪税具有歧视性——向低收入群体收取更高的份额。然而，这并不是反对征收脂肪税的好理由。从某种意义上说，所有商品都是累退的。任何商品都会从穷人手中拿走更高的收入份额。但我们并不是为了让低收入者仍然买得起香烟而对香烟进行补贴。此外，如果税收提高了政府用于改善医疗保健的收入和（或）使其他形式的税收得以降低，这将有利于低收入者。同样，那些对价格非常敏感的人（低收入者）可以通过选择更健康的替代品来避免交纳脂肪税。如果人们依然认为脂肪税将加剧不平等，一种选择是利用来自脂肪税的收入抵消销售税等其他累退税。或者，可以将一部分来自脂肪税的政府收入用于为低收入人群提供对水果和蔬菜的补贴。这样一来，我们既能从脂肪税中获益，又不会对不平等产生任何负面影响。

征收脂肪税的另一个理由是，不健康的产品是我们所说的无

---

[1] 累退税（Regressive Tax）是"累进税"的对称，指纳税人的税收负担率随课税对象数额的增加而递减的税。累退税的课税对象数额越大，负担率越低；课税对象数额越小，负担率越高。——译者注

益品；是一种我们可能低估了它的成本和危害的产品。我们想减轻一点体重，却发现不健康的廉价食品很有吸引力。对不健康食品征税有助于让我们产生一种动机，减少不良的饮食习惯，朝着更理想的饮食习惯迈进。不幸的是，许多最不健康的食物往往是最便宜的。例如，在美国，由于玉米供应过剩（部分原因是政府补贴），玉米糖浆被大量使用。为了降低成本，生产商经常在食品中添加玉米糖浆，而这种糖会使人上瘾。因此，出现了这样一种反常的诱因：最不健康的食物是最便宜的。糖税纠正了这种情况，促使我们少吃不健康食品，并减轻我们的体重。

烟草税是对无益品征税的一个好例子。第二次世界大战结束之后，发达国家的烟草税增长速度普遍快于通货膨胀。传统观点认为，征税不会减少需求，但这种异议是错误的。从长期来看，烟草税在显著降低吸烟率方面发挥了重要作用。例如，美国的吸烟率从1965年的42%下降到了2018年的13.7%。有几个因素解释了这一下降的原因，比如社会对吸烟的态度发生改变以及烟草广告受到的限制。然而，更高的税收在很大程度上是一个决定性因素。对脂肪税的批评类似于第二次世界大战后对烟草税的批评，但在过去几十年间，烟草税取得了巨大的成功。

征税的另一个好处是，它可以激励食品制造商生产更加健康的食品。有证据表明，当糖税在饮料含糖量达到一定水平后生效

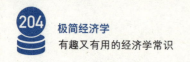

时，许多制造商的反应是降低饮料中的含糖量。因此，税收改变了长期的食品制造习惯和饮食习惯。

重要的是，脂肪税不是灵丹妙药。导致肥胖和健康状况不佳的因素不只是热量和食品成分。此外，脂肪税的成功还取决于其他同时出台的措施。如果脂肪税与公共健康运动相结合，指出健康饮食的好处，并解释哪些食物是不健康的，脂肪税就可以取得更大的成效。例如，在智利，通过对不健康食品实行强有力的红绿灯机制，并让学校参与到鼓励食用健康食品的活动中来，政府取得了相当大的成功。脂肪税本身对降低肥胖的影响可能有限，但作为一系列措施的一部分，它可以给社会带来很多好处，并且是筹集政府收入的一种非常公平的方式。

39. 保护环境将创造工作岗位，而不是摧毁岗位

环境面临着许多严峻挑战，其中包括全球变暖、耕地流失和污染的成本。保护环境需要改变企业和消费者的行为。这需要对经济模式进行根本性转变，例如，结束对化石燃料的依赖，并利用替代资源生成能量。在短期内，这种根本性的变化将影响那些衰退行业的工作岗位。例如，关闭煤矿会让矿工们感受到威胁，

并导致他们失业。然而，环保主义者和"绿色新政"①的倡导者认为，改变经济结构不会摧毁工作岗位，而仅仅是将它们从破坏相对环境的行业转移到环境破坏性相对较小的行业。例如，为了替代化石燃料，政府和（或）能源公司可能试图投资太阳能和风能等替代能源。这将在这些新兴行业中的建造、维护和研发领域创造一波新的工作岗位。保护环境会导致工作岗位流失的观点让人想起了卢德谬误（见本书第2页），原因是这一观点只关注处于衰退中的经济的一个方面。

从某种程度上说，保护环境与经济正在经历的长期变化无异。即使没有任何特定的环境政策，市场状况的演变也在导致一些化石燃料产业的衰退和能源技术的发展。经济的这种自然演变只不过是在转移并创造就业的领域。"绿色新政"主要是试图加速这一变化，以便更快地实现向更可持续的经济转变。"绿色新政"的支持者认为，保护环境可以通过很多方式创造就业机会。例如，政府可以制定一项计划——花钱改善房屋的隔热性能。这将为那些以安装空心墙隔热材料、双层玻璃窗和楼顶隔热材料为业的人创造就业机会——所有这些材料和设施都将导致能源需求的降低，原因是采暖将更加高效。你可能会说，这项计划的成本

---

① 绿色新政（Green New Deal）是对环境友好型政策的统称。——译者注

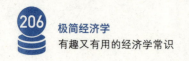

将由纳税人承担，但如果隔热取得成功，取暖费用确实会下降，这将增加家庭后续的可支配收入。这么做也可以增加家庭用于购买经济体中其他商品和服务的收入，从而为服务业创造新的就业机会。

改善环境的其他方法可能是寻找一种不同的交通策略——例如，劝阻人们在城市中心区域使用汽车，而是使用公共交通。当地企业担心，以这种方式劝阻人们使用汽车可能导致他们的生意下滑，原因是购物者将远离市中心。这是一种可能，但与此同时，打造步行区的城镇可以看到，城镇中心区越发吸引人们在此驻足停留。因为我们更喜欢在没有拥堵和污染的街道上购物和享受便利设施。从短期看，不鼓励使用机动车辆将导致经济成本，但如果公共交通和步行区得以成功实施，将会使市中心更具吸引力。从长远来看，这将有利于当地的商业——例如，允许新的路边咖啡馆出现。

令人担忧的一个重要原因是目前的农业状况。现代农业的做法包括在牲畜身上大量使用抗生素以及在田野、农场里大量使用化肥和杀虫剂。这些化学物质的使用对环境造成了破坏：昆虫（尤其是蜜蜂）的数量急剧下降，这被认为是使用杀虫剂导致的。对环境的污染和破坏可以通过采用更有机的耕作方法来解决，这种耕作方法不使用化学品，而是鼓励更加传统的病虫害管理方式。农民们担心全面禁止使用某些杀虫剂和化肥会使他们失去竞争力，并可能迫使他们破产。然而，事实未必如此。如果一位农民试图不使用化学品，他可能在与其他农民的竞争中处于不利地位。但如果整个农业部门的标准得以提高，那么所有农民就将同舟同济、休戚与共。他们都将面临这种不同的成本，因此价格将做出调整，以反映更有利于环境的做法。只不过，如果一个国家采取比其他国家更为严格的环境保护措施，可能会出现问题。在这种情况下，农民（和其他企业）的竞争力可能会下降。这意味着，最好的做法是各国和各个贸易集团努力就国际标准达成一致，如此一来，任何通过降低环保标准来削弱其他国家的可能性将不复存在。

即使一个国家冒险采取与众不同的做法，设定比其他国家更高的环保标准，也不一定会导致更高的失业率。保护环境可以带来社会效益，并使该国成为更具吸引力的旅游目的地。例如，在废弃物和水资源方面设定高标准的国家将创造良好的环境声誉，从而吸引游客。

"绿色新政"的一个关键部分是旨在推动各国使用100%清洁能源。例如，美国"绿色新政"的支持者希望，通过征收高额碳税，能够在2030年实现向100%清洁能源的转变。一个想法是从60美元每吨二氧化碳开始征收二氧化碳排放税——每年大幅增加直到2030年达到259美元每吨。其中的论点是，高额税收将使煤炭和化石燃料丧失经济性，并将能源生产转向不排放二氧化碳的更清洁方法。如此高的税收将导致采煤和天然气等当前化石燃料行业的就业人数迅速下降，从而引发暂时的结构性失业。传统化石燃料行业的从业者可能很难实现从原有岗位向高能效行业的新岗位的无缝转移。然而，这项税收也会导致对替代技术的投资激增。总的来说，新创造的工作岗位将取代流失的工作岗位。

　　环境保护的另一个问题是，即使我们不采取必要的措施来保护环境，也会出现失业和生活水平下降的情况。例如，许多国家正在目睹令人担忧的沙漠化迹象。全球变暖和过度用水正在使更多的土地无法居住和使用，生活在这些脆弱地区的农民不得不迁移。他们的传统生计正受到来自全球变暖和环境退化的威胁。人们的另一个担忧是蜜蜂数量的下降，这威胁着整个农业部门。若没有蜜蜂和其他授粉昆虫，农民在种植常规作物时可能会遇到严重问题。这将导致真正的破坏——比土地耕作方式的微小变化更令人担忧。此外，新冠肺炎等疾病可能源自动物王国，科学家们认为，一些农耕、零售行为与这些疾病传播给人类之间有着很强的联系。新冠肺炎疫情对经济造成了破坏性影响，也在世界各地造成了工作岗位的流失。人们认为，除非我们提高农耕和环境标准，否则我们可能会看到更多的动物病毒传染给人类，并造成毁灭性的后果。破坏自然生态系统会让人类遭受威胁。

39. 回收利用是好事

回收利用的目的是限制原材料生产和消费导致的环境成本。回收利用可以节约能源，保护原材料供应，减少垃圾填埋，同时鼓励人们对环境采取更加深思熟虑的态度。回收利用的批评者认为，塑料等产品的回收利用难度大、效率低，而减少对环境破坏的最好方法不是回收利用，而是限制消费和（或）重复使用各种产品。总的来说，虽然回收利用不是解决环境问题的灵丹妙药，但它有助于保护稀缺资源。

回收利用的第一个优势是它有助于限制垃圾填埋场数量的增长。根据世界银行的数据，来自填埋废物的温室气体排放占世界温室气体总量的5%——这是掩埋废物带来的一个高昂外部成本。另一个问题是，在垃圾填埋场处理垃圾需要大量的土地，这些土地在未来很多年里将伤痕累累并遭受污染。随着世界人口收入和消费的不断增长，人们对垃圾填埋的需求正在激增。世界银行估计，世界垃圾总量将从2012年的13亿吨增加到2025年的22亿吨，此后还将继续增加。加大大规模回收利用的力度将有助于减少最终进入填埋场的垃圾数量。垃圾填埋场的其他问题是，土地稀缺且昂贵的密集型城市对垃圾填埋场的需求最大。因此，垃圾填埋场将不得不越来越多地被迁往偏远地区，因为没人想住在垃圾填埋场附近。

回收利用的第二个优势是它可以节约能源、减少碳排放和节约宝贵的不可再生原材料。这一点在利用某些材料上表现得尤为明显。例如，回收一吨铝罐所使用的能源比开采、运输和提炼矿石生产等量的铝所需的能源少95%。一吨再生纸可以节约4100千瓦时能量，相当于节约9桶石油。虽然回收过程本身需要消耗能量，但这种能量消耗通常比从头开始生产原材料要少。

同样值得记住的是，第二次世界大战爆发前，回收利用是一种非常普遍的活动，人们收集锡罐和瓶子用于回收利用（收集旧物的家庭通常会得到少量报酬）。第二次世界大战后，人们的收入显著增加，所以一些人为了小额回报（几分钱）收集瓶子的动机降低了，而更容易将瓶子直接扔掉。但这是富裕导致的一个问题，因为不在乎小额回报会让我们忘记回收利用的好处。此外，回收利用不仅仅关乎回收材料的价值；当我们把垃圾扔进垃圾填埋场时，我们忽略了增加垃圾填埋场、造成污染、过度使用能源和减少有限的原材料数量所涉及的外部成本。回收利用需要一定的努力和投资，但它为社会创造的外部效益可能会在纯粹的自由市场方式中丧失。

回收利用像手机这样的产品尤其重要。手机电池中含有会对环境产生严重影响的化学物质。如果这些化学物质被扔进垃圾填埋场，它们的泄漏物会渗入供水系统。因此回收像手机这样的电子产品对于安全处置潜在的有毒物质至关重要。此外，手机中使用了包括金、铜、钨、镍在内的贵金属，所以回收手机比将它们直接丢弃更有利可图。然而，尽管存在这些好处，但每周仍有成千上万台手机被作为普通垃圾扔掉。

即使在自由市场方式下，也可能存在回收利用的动机。经济学家彼得·范贝克林（Pieter van Beukering，1967—　）指出，欠发达经济体通常对垃圾回收利用有着更大的需求，原因是，相较于发达国家的企业，再生纸等产品的生产成本降低对发展中经济体的企业来说更有价值。对全球垃圾回收利用的一种合理批评认为，发达国家付钱让发展中国家接收自己的垃圾已经成为一种趋势——换句话说，将回收利用活动送到"海外"。一方面，一些活动家认为这是不公平的：富裕的国家实际上是在出口本国的垃圾。另一方面，如果发展中国家愿意处理和回收垃圾，那是因为它们对回收并销售经回收的产品有经济兴趣。

对回收利用的一种批评认为，并不是所有产品都能以同样的效率被回收并产生同样的效果。例如，对最广泛产生的垃圾——塑料——进行具有成本效益的回收实际上非常困难。塑料在使用后会降解，制造商发现，（直接利用石油）制造新塑料比支付塑料分类、清洁和循环利用的费用更便宜。即使是现在，一些种类的硬塑料也很难回收。另一个问题是，废弃塑料的供应远远超过了对低质回收塑料的需求。具有讽刺意味的是，回收机制的成功

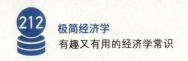

增加了回收产品的供应，导致回收材料价格下降，又使回收机制变得不那么有价值。

一些回收机制已经成为机制本身成功的牺牲品。在现实中，很多被送到回收箱的塑料最终被扔进了垃圾填埋场，因为人们缺乏对其加以回收利用的动机。例如，美国国家环境保护局指出，在美国，不到10%的塑料得到了积极回收，而绝大多数塑料都被送到了垃圾填埋场。美国塑料工业协会前主席拉里·托马斯（Larry Thomas）承认，塑料工业在推广塑料可回收这一理念上投入巨大（包括在塑料产品上添加通用回收标志）。但是，仅仅因为塑料在理论上可以回收并不意味着在实践中就可以回收。如果塑料制品上有一个表明它可以被放入回收箱的可回收标志，作为消费者的我们就更有可能对塑料持积极态度。但是，如果我们知道被回收的塑料少之又少，我们还会花那么多时间清洁塑料并把它们放进回收箱吗？

一些环保主义者认为，回收利用在很大程度上是一种次优解决方案，在最坏的情况下，它实际上可能为不必要的一次性塑料生产提供理由。管理稀缺资源和减少污染外部性的更好方法是改变人们的基本习惯。这包括减少消耗，例如，饮用自来水而非瓶装水，或者强调重复使用而非回收利用。史蒂文·E.兰德斯堡（Steven E. Landsburg，1954—　）与迈克·C.芒格（Mike C.Munger，1958—　）等信奉自由主义的经济学家更倾向于忽略回收利用的外部性，而是将个人对垃圾加以分类所需的时间成本考虑在内。一些自由主义者认为，将更多的土地用于垃圾填埋可以节省垃圾分类所浪费的时间——尤其是当他们宣传并声称回收利用的好处没有实际的好处那么多时。

然而，芬兰经济学家安妮·胡赫塔拉（Anni Huhtala）却持不同的看法。她指出，芬兰的回收利用率非常高（50%），这产生了非常强大的环境和社会效益。胡赫塔拉认为，关注回收材料的市场价格是错误的，因为我们需要将回收行为的外部效益（减少污染和填埋等）考虑在内。如果地方社区对回收项目进行投资，这将鼓励人们普遍对环境采取更加深思熟虑的态度。如果人们对回收活动进行投资，这更容易鼓励其他有利于环境的行为，如减少消费、重复使用和选择外部成本更低的产品。换句话说，这是一种试图忽视自由市场的利己主义世界观的经济方法，而代之以一种重视社会效益和环境外部性的方法。此外，她还提到了回收利用的另一个优势——我们可以从回收利用行为本身获得内在价值。如果我们把一个塑料瓶扔进垃圾填埋场，我们可能会感到一丝内疚或行为不当。而如果我们努力把塑料瓶放进回收箱，我们会觉得自己在为环境保护做贡献。因此，我们不是在浪费自己的时间，而是从回收行为本身获得效用。

理想状态下，我们会找到尽可能减少消费和尽可能多的重复

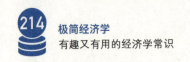

利用的方法，但这并不意味着我们应该忽视回收利用在减少污染和不可再生资源的使用方面发挥的作用。回收利用当然不是解决各种环境问题的灵丹妙药，但它可以在减少能源消耗、温室气体排放以及限制不可再生资源的使用方面做出些许贡献。

40. 经济增长是在破坏环境吗？

长久以来，经济增长导致了各种环境成本。产出和消费水平的提高导致稀缺资源的使用量以及外部性的增加，例如污染和其他对环境的损害等。因此，一些环保主义者认为，我们需要减少甚至完全停止经济增长。这是一个能够挑起争议的概念，因为我们已习惯了经济增长，经济增长提供了更高的收入，并使更多收入得以被用于医疗等领域。由于零经济增长的概念相当不受欢迎，一些环境经济学家认为，更好的策略是推动一种不破坏环境且同时积极地优先考虑增长和环境的经济增长形式。

不可否认，过去200年间势不可挡的经济增长（和人口增长）对全球环境提出了独特的需求。西方的工业化以及随后东方的工业化导致了污染和不可再生资源使用量的激增，同时对诸如自然栖息地、雨林和耕地等许多生态系统施加了前所未有的压力。举一个环境破坏的例子，在人均国内生产总值较低的埃塞俄比亚，人均年二氧化碳排放量为0.2吨。相比之下，美国的人均年二氧化碳排放量为17.5吨。而人均二氧化碳排放量和经济发展之间存在很强的相关性。如果埃塞俄比亚经历了长期的经济增长，并开始赶上美国的生活水平，我们预计埃塞俄比亚的二氧化碳排放量也将出现类似的增长。经济增长将使更多的埃塞俄比亚人买得起汽车，更高的消费水平将导致产量、旅游和消费的广泛增加。所有这些因素都将对环境产生影响，比如更高的温室气体排放水平和更多地利用稀缺土地。

另一个例子是，随着收入的增加，对肉类和奶制品等奢侈食品的需求往往会增加。这需要砍伐更多的雨林用于放牧和种植农作物。随着森林被砍伐，地球吸收由经济增长所排放的碳的能力将会下降。更高的经济增长率将对剩余的森林造成更大的压力。根据联合国粮农组织（Food and Agriculture Organization of the United Nations，简称FAO）的数据，自1990年以来，消失的森林面积估计达4.2亿公顷。持续的经济增长和不断增长的食品需求可能导致森林进一步消失。

一个关于经济增长与环境的理论被称为库兹涅茨曲线（Kuznets Curve）。该理论认为，在经济发展的早期阶段，经济发展与环境存在直接冲突。更高的产出将导致各种经济成本和污染。然而，进一步的经济增长会在一定时刻导致环境状况得到改善。原因在于：第一，随着经济体的发展，它们将从污染严重的重工业过渡到资源密集度较低的服务业；第二，更高的生产率有助于提高经济效率，从而导致相对较低的排放；第三，随着社会的发展和收入的增长，人们开始追求更理想的奢侈环境。当你的收入很低的时候，你最关心的是获得更多的食物。但是，当你变得富裕时，空气质量和环境等事物就会变得更加重要。因此，随着经济的进一步增长，政府愿意采取措施来改善环境，比如在市中心禁止柴油车和鼓励使用更多清洁能源。例如，在2020年，英国的二氧化碳排放量比它在20世纪初的时候要低，原因是烧煤现象减少了。许多西方经济体已将禁止在市中心燃烧煤炭作为改善

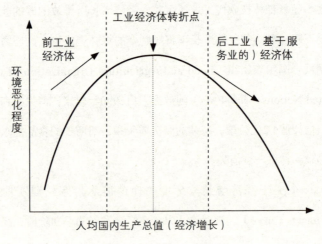

图5-1　库兹涅茨曲线

空气质量的一种方法。

然而，库兹涅茨曲线假说受到了强大挑战。首先，后工业经济体越来越多地将污染外包给其他国家。例如，制造业已经从西欧和美国转移到东南亚，实际上通过出口污染来改善空气质量。因此，一个比库兹涅茨曲线更好的准则是将环境成本与消费联系起来，而不仅仅是将环境成本与生产相联系。此外，发达国家在成功促进更好的环境成果方面也受到了挑战。的确，各国已经采取有效的行动来应对可见的雾霾和水污染。然而，许多环境成本并不那么明显。在2020年的经济停滞期，世界各地的空气质量都出现了显著改善——产出的下降无疑挽救了许多生命。我们可能善于清理看得见的污染，但不那么明显的污染往往遭到忽视。这些不太明显的经济增长成本还包括环境中增加的辐射和塑料颗粒。

一个根本性的问题是，技术进步能在多大程度上让我们鱼与熊掌两者兼得——在实现更高国内生产总值的同时享受改善的环境。例如，如果化石燃料能源被太阳能、风能和生物燃料等可再生能源取代，我们将在不损害经济增长的情况下降低环境成本。另一个例子是培养肉，科学家们越来越希望肉细胞可以在实验室进行培育，而不需要密集地使用土地。

"绿色新政"的支持者认为，积极改善环境的政策可以通过解决环境污染带来更多投资、创造就业机会并且同时提高收入。

例如，制定改善建筑物隔热效果的机制；对使用塑料瓶征税；利用这些税收资金清理水道中的塑料——所有这些政策都将提高经济产出并改善环境。对可再生能源的大量投资可以促成技术的进一步改进，实现环境的持续改善。同时实现经济增长和环境改善的余地是存在的，但这不是单靠市场力量就能实现的。政府可能需要进行干预，以引导我们所要实现的经济增长的性质和类型。

然而，对经济增长持批评态度的人认为，有些技术可能确实限制了环境成本，但经常被用作烟幕，以掩盖消费和环境破坏不断增加的事实。例如，尽管人们对塑料污染有了更大的认识，也做出了更多努力进行回收，但对塑料的需求仍在继续上升，塑料微粒正以越来越快的速度沉积在我们的环境中（包括海洋）。即使是太阳能等所谓的清洁技术，在生产过程中也需要使用一些化石燃料。如果我们想要改善环境，就需要考虑经济增长之外的问题，并满足于生活水平。一些生态学家认为，对于像西方的发达经济体来说，进一步的经济增长只会带来更多的成本，而不是利益。发展中国家确实需要经济增长来帮助减少贫困，但发达国家的目标应该从国内生产总值转向生活水平和幸福感的可持续提升。

零经济增长模式发人深省，但未必是唯一的选择。更高的经济增长可以与更好的环境结果共存——但这确实需要一种更加谨慎的方法：实施强有力的法规并提供激励措施，优先保护环境。

第六章
商业“神话”

42. 票贩子的存在不是好事

在大众文化中，票贩子常常被视为剥削消费者的反复无常的代理人，我们的本能反应是他们在与公众利益作对。但假设你确实热爱一个音乐团体，渴望见到他们，那么为什么你不能有机会以自己愿意支付的价格购买一张音乐会门票呢？你可能不愿意支付高于市场价的价格，但另一个选择是，你将错过音乐会。因此，你可以认为，票贩子通过为消费者提供更多选择，从而提高了效益。

从经济学的角度来看，票贩子只是在对各种市场力量做出反应。例如，如果一场足球赛的门票卖光了，并且很多球迷仍然想到场观看比赛，但买不到票。假设这场球赛恰好是一场足球决赛，一位终身支持者等待自己支持的球队参加决赛整整等了40年，但本场比赛的门票已经售罄。在这种情况下，出现了一个潜在市场，因为一个手握门票的人可以将门票卖给一位热情的支持者。如果门票的官方价格是50英镑，那么这位终身支持者可能愿意以最高300英镑的价格购买这张门票。现在假设票贩子愿意以100英镑的价格出售门票。他赚了50英镑，而那位终身球迷同样非常高兴，因为现在他可以以低于自己愿意支付的价格观看比赛了。在经济学中，我们说终身球迷的消费者剩余（经济福利）为200英镑（300英镑–100英镑）。而官方票价对这位球迷没有意义。重要的是，终身球迷通过购买二手门票获得的幸福大幅增长。禁止票贩子的存在将剥夺热情球迷观看比赛的机会。

虽然每个国家的情况各不相同，比如英国的足球俱乐部就明确禁止未经许可的门票转售行为。但从纯粹的经济学的角度来看，门票转售并不会对俱乐部产生任何影响。在决定以50英镑的价格出售门票后，俱乐部可能并不在意谁在使用门票——无论是门票的最先购买者还是那位终身球迷，俱乐部的收入是一样的。如果门票转售会对俱乐部产生什么影响的话，你可以认为，最好是让极度渴望出现在比赛现场为球队摇旗呐喊的终身球迷观看比赛——他们的声势将会盖过那位乐意以100英镑出售门票且对比赛漠不关心的球迷。因此，从经济学的角度来看，我们可以把票贩子视为仲裁者，他们将门票重新分配给那些真正渴望出现在比赛现场的人。

当拍卖师将艺术品卖给那些愿意支付最高价的买家时，也会出现类似的情况。艺术家知道，他们的声誉将推动拍卖会现场的销售，就像梵高等已故艺术家的作品供不应求一样。在拍卖会

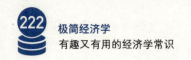

上，拍卖师会确保只有那些真正珍惜待拍卖的画作的人才能购买它们，而不是某个仅仅认为这些画作看起来很漂亮的人。因此，拍卖师正在履行一个有用的角色，利用市场力量为艺术品赢得尽可能的高价。票贩子也在使用同样的原则——他将有限的市场供应拍卖给那些愿意支付最高价格的人。但没有人会抱怨拍卖师利用市场力量为有限的艺术品争取尽可能高的价格。

这创造了一个强有力的理由，这个理由不仅允许票贩子存在，而且鼓励他们存在。然而，在现实世界中，还有其他因素需要考虑。首先，以更高价格转售门票的可能性可能鼓励票贩子积极购买大量门票，专为设定更高的票价。愿意支付300英镑的终身球迷或许本可以以正常价格买到一张门票，但票贩子更具组织性，批量预订了1000张门票，只求从那些愿意支付高价的人身上获利。如果票贩子的判断有误，他可能会有未售出的门票，无法以200英镑的价格卖出全部1000张门票。但只要票贩子总体盈利，他并不介意自己剩下100张门票。

倒卖门票也是半非法的[①]，所以从票贩子手中购票门票的消费者可能不确定门票的有效性。他们能相信票贩子吗？有时候，

---

① 倒卖门票在中国属于违法行为，情节严重的触犯非法经营罪。——编者注

人们从票贩子手中购买了昂贵的门票，却无法进入球场，这对买家来说是个大问题。这同样造成了不确定性和不信任，使得（有真票的）票贩子更难销售手中的门票。具有讽刺意味的是，如果门票转售合法并受到更加严格的监管，这个问题可能会得到缓解。

票贩子引出的另一个问题是：如果门票需求过剩，为什么售票公司不设定更高的票价呢？为什么音乐会门票被设定为市场均衡（供给等于需求的状态）价格？为什么足球俱乐部不设定一个远高于50英镑的市场价格呢？原因是体育赛事和音乐会的目标远非只关注于经济学和利润最大化。当音乐家举办音乐会时，他们觉得自己在展现自身的一部分艺术才能，并希望以合理的方式与他们的社区分享。这就像在新冠疫情的限制下举行一场最多15人参加的婚礼一样。你可以将自己婚礼的门票卖给那些愿意支付最高价格的人，但你不想这么做，因为你邀请的是你认为值得到场的人。可能会有一些人愿意花钱前来参加，但对于一场婚礼来说，市场的存在是不合适的，而且会破坏这一活动的精神。音乐家对他们的音乐会可能也有类似的感受，他们希望设定一个人们负担得起的价格——一个不会让低收入的热情乐迷望而却步的价格。当票贩子介入并设定高价时，音乐家们的反应是消极的，认为票贩子追求利润最大化的行为违背了音乐会的精神。

足球俱乐部也存在类似的问题。那个愿意花300英镑购买一张门票的人可能是一位乐于花掉毕生积蓄的终身球迷——或者仅仅是一位可支配收入很高的富人。在这种情况下，票贩子将体育场内有限的座位重新分配给富人，这项运动因而变得更加精英化。足球俱乐部可以轻而易举地提高门票的价格，但它们意识到有必要让大家买得起门票，哪怕是俱乐部所在社区的低收入者。这就造成了自由市场经济学与利润最大化以外的目标之间的矛盾。音乐、体育、文化，都存在利润之外的意义。票贩子破坏了这一为球迷创造公平竞争环境的努力。

数字化市场同样改变了票贩子的模式。排队这种过时的方式本身就是一种区分真正想买门票的消费者的方法，因为终身球迷愿意花几个小时排队。当然，你可能会辩称，票贩子为那些因为工作原因无法排队购票的人提供了一种服务。

然而，现代在线票务系统意味着门票通常立刻就会售罄（通常在几分钟之内）。因此，门票是通过抽签来分配的——你是否足够幸运，能够及时进入票务系统？在这种情况下，你可能会辩称，票贩子帮助票务系统将门票转售给那些真正想到现场但在抽签中运气不佳的人。另一方面，通过大肆攫取门票，票贩子让真正的球迷日子不好过，而且，由于对门票的额外需求，票贩子可能会推高票价。

42. 钻石的价值大于淡水

价值悖论（Paradox of Value）指出，一颗钻石的市场价格明显高于淡水，但对生命而言，钻石不是必需品，而淡水是。乍一看，这可能表明，我们更看重钻石等"炫耀性商品"，而不是淡水。然而，市场价格只是衡量我们赋予不同商品社会价值的一个指标。一个更好的指标是我们在钻石和淡水上的总支出。在我们的一生中，我们可能只购买一颗钻石，但我们每天都购买淡水。

如果一颗钻石的价格是2000美元，这表明，购买钻石的人对那颗特定的钻石赋予了很高的价值。然而，如果你一生只购买一颗钻石，那么你赋予一颗钻石的总价值只有2000美元——在70年的时间里，我们每年在钻石上的花费为28.60美元。相比之下，如

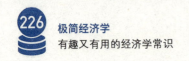

果我们每天在淡水上花费0.60美元，这听起来可能不是很多，但我们在一年中的淡水支出是219美元。在70年的人生中，用于淡水的总支出是15 330美元。

水和钻石的一个区别是所谓的边际效用。这是你从额外消费一单位商品中获得的价值。如果你为自己的伴侣买了一颗钻石作为结婚礼物，这颗钻石的价值将非同寻常。然而，如果你已经有六颗钻石，那么第七颗钻石的价值将微乎其微。你可以戴一枚钻戒，但戴七枚钻戒将毫无意义。我们愿意在一枚钻戒上花很多钱，但之后我们再买的钻石将很少。然而，我们今天购买水，第二天依旧会购买，水的效用与价值在今天和在前一天是一样的。你购买一颗钻石就足够了，但你需要在有生之年不断购买水。

另一个关键因素是额外生产一单位钻石或淡水的边际成本。由于钻石稀少且难以开采，额外生产一单位钻石的边际成本相对较高。而额外生产一升水的边际成本相当低。事实上，你可以从水库里取水喝，没人会发现。如果你从矿场拿走一颗钻石，你最终会因盗窃被起诉。因此，钻石和水的相对价格较好地反映了相对稀缺性和生产的边际成本。如果淡水变得非常稀缺，价格就会上涨，从而反映这种稀缺性。如果发生核电灾难，当地水源受到污染，进口瓶装水就会开始收取高价。在紧急情况下，即使是有钱人也会花钱买水而不是钻石。

另一个事实是，水的价格可能是不明确的。当我们打开家里的水龙头时，水似乎是免费的。这意味着，我们很容易过度消费，而不理解水的真正价值。但是，将淡水引入千家万户需要大量投资和成本，需要一套由水库、管道和基础设施组成的网络。所有这些都需要大量的维护费用和成本。我们通过公用事业年度账单支付水费，却常常忘记淡水不是免费的，而是存在于我们间接支付的巨大成本。如果一座城市的规模扩大，实际上要获得更多淡水可能相当昂贵。人口稀少，淡水资源极为丰富，成本就低。但是，在人口超过1000万的超级城市，获取淡水需要更多的后勤投入。例如，像旧金山这样的城市规模不断扩大，要满足该市对淡水的额外需求可能会相当棘手。加利福尼亚州曾经历过很长一段时间的干旱，水资源已经不足。增加淡水供应可能需要一个更加昂贵的水库和一个长长的管道系统，甚至是一座海水淡化工厂，而海水淡化工厂造成了剩余盐的成本。问题的关键是，在城市发展的某一阶段，淡水可能是相当容易获得的，但它很容易变得更少，价格更高。一些人认为，由于环境变化和人口增长，淡水价格将在未来几十年内显著上涨。

尽管社会在淡水上花费的总收入要高于在钻石上花费的总收入，但商品的价格仍然具有一定意义。你可能会说，如果人们愿意花2000美元买一颗钻石，这表明我们确实看重物品的声望价值。从严格的功利主义角度来看，佩戴钻石首饰除了让佩戴它的人感觉更好之外没有内在价值。此外还有一个炫耀的因素：我们购买昂贵的奢侈品是为了表明自己过得不错，并给朋友留下好印象。钻石越大，价格越高，就越能显示我们的财富。从这个角度来看，为了显示财富花这么多钱，这表明有些人十分看重钻石的价值。然而，从功利主义（或利他主义）的角度来看，我们可以选择不把2000美元花在一颗钻石上，而是佩戴一颗人造钻石，并把这2000美元捐给一家慈善机构，这家机构可以向那些目前无法获得淡水的人提供饮用水。如果大多数人都持这种态度，钻石的价格就会下跌，原因是，此时慈善捐赠比钻石具有更大的感知价值[①]。当然，这种情况目前还没有发生。而人们愿意花高价购买钻石的事实表明，我们赋予了这些珠宝一定的价值——至少赋予了有限数量的珠宝一定的价值。

需要考虑的另一个因素是，社会上的有些人可能终其一生都不会买钻石。然而，对于那些拥有较高的可支配收入并进入某些社交圈的人来说，购买钻石可能是他们生活中很重要的组成部分。他们一辈子不会只买一两颗钻石，他们可能会买好几颗钻石，就算不花几十万美元，也会花几万美元。例如，一只经典的

[①] 感知价值代表着用户期望从产品使用中获得的收获。——编者注

钻石手镯可能要花25万美元。购买这样商品的人花在钻石上的钱比花在淡水上的钱要多。

然而，这是否意味着富人更看重钻石而不是淡水呢？关键是，当我们的收入低时，我们首先会把钱花在淡水上，它对生命而言是必不可少的。当我们很难填饱肚子的时候，很少有人会想要佩戴钻石首饰。只有当收入超过一定程度的时候，我们才有奢侈的条件和可支配收入考虑非必要的奢侈品。相比之下，我们需要消费的淡水只有这么多。如果你的收入增加了，你不会仅仅因为负担得起而喝更多的水。你可能会为你的花园购买一套洒水系统，但到了某个时候，你就不需要更多的水了。当你所有的基本需求得到满足，你就会开始考虑购买像钻石这样的奢侈品。因此，尽管富人在钻石上的花费可能多于在淡水上的花费，但他们仍然会优先考虑淡水——即使他们可能没有意识到他们是这样做的。

43. 工人只受金钱驱使

与经济学的许多方面一样，各种劳动力市场模型建立在这样一个假设之上：工人总是对获得一份更高薪的工作感兴趣。该理论认为如果工资上涨，工人将提供更多的劳动力，同时更加努力

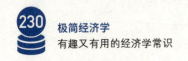

工作。如果某种工作涨薪，就会有更多工人申请这份工作。如果一家企业希望激励工人提高生产效率，符合逻辑的做法是企业需要提供更高的工资或奖金。

金钱绝对可以成为一个激励因素。例如，假设我们的报酬是按件支付的，即取决于我们采了多少草莓。在这种情况下，这肯定会鼓励我们集中精力采摘更多草莓，而不是在到达工作现场后表现得懒懒散散。有些工作非常适合用来说明这种产出和报酬之间的联系。例如，我们不是按天付给建筑工工资，而是因为他们完成工作而支付给他们工资。一些企业发现，当它们转向按完成的工作数量而不是按小时支付工资时，生产效率大幅提高了。即使个体经营的送货司机也是按送货量获得报酬，这就是为什么你会看到亚马逊公司的送货司机开车冲进你的车道然后迅速离去。

然而，工人的动机远比金钱要复杂得多。首先，当一名优秀的大学毕业生可以很容易在私营部门找到一份薪水更高的工作时，他们为什么会选择一份诸如教学或护理这样收入相对较低的工作呢？因为当我们选择工作时，薪水是一个重要的因素，但不是唯一的因素。我们同时还想要一份自己喜欢的工作，一份带有一定声望和责任的工作。如果我们得到自己梦想的工作，即使薪水不高，我们也会很乐意从事。

心理学家亚伯拉罕·马斯洛构建了一个人类需求层次，他认为需求层次底层是基本需求（工资），因为这是一个根本起点。至少，我们需要一份薪水来支付生活开支，但接下来的层次是安全（工作保障）、归属、尊重以及最后一个层次的自我实现（自我价值感）。因此，如果我们希望激励工人，我们就必须考虑这些人类动机的所有方面，而不仅仅是底层的金钱。

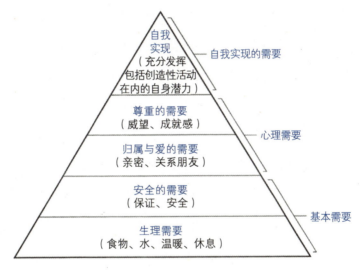

图6-1 人类需求层次

行为经济学家丹·艾瑞里（Dan Ariely，1967— ）研究了奖金对工人的影响，并发现证据很复杂。在艾瑞里看来，激励工人的最重要的方式通常是认可工人的努力，并在工作场所培养良好的精神。他在以色列的一家英特尔工厂进行了一项研究，在这项研究中，工人们收到的是30美元的奖金、一张比萨代金券或

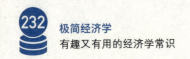

者一条赞扬短信。第一天，最好的激励是比萨代金券，但到了周末，最好的激励是赞扬短信。如果我们写下工作中让自己感到沮丧的事情，它们往往会是赏识或支持的缺乏、过高的期望和压力等因素。

如果你正在管理工人，需要让他们提高生产效率，一名技巧娴熟的经理会让工人对他们的工作感到自豪。如果工人拥有主人翁意识和责任感，他们可能愿意付出巨大努力（甚至是无偿加班）来完成工作。这种额外的努力并不是为了奖金，而是因为工人觉得自己有义务把工作做好，帮助客户和（或）公司。

艾瑞里甚至指出，有时候，给员工发放奖金可能会适得其反——尤其是在工人们士气低落且相处不太和谐的情况下。艾瑞里经过研究发现，有些时候，向工人发放奖金可能会暂时提高生产效率，但这种提高是短暂的，未来的奖金对生产效率不会有多少影响。而如果发放奖金的目的不当，工人可能会将奖金视为一种贿赂，认为雇主需要有人帮忙，并为此发放奖金。但是，如果工人们陷入这种只有在获得贿赂时才努力工作的心态，可能会降低未来的生产效率。工人们开始想：只有获得额外的回报，我才会付出额外的努力。

一个关键因素不仅仅是奖金的水平，还包括员工是否觉得自己全身心地投入到工作中，是否觉得自己因其他原因而有动力工作。艾瑞里认为，非金钱因素在提高长期生产效率方面可能更加有效——例如，给予员工赞赏，给予员工决策的责任以及提供良好的工作条件。一些经济学家认为，一种好的做法是不把劳动力市场看作是没有人情味的商品市场，而把它看作更像是一种不同类型的人际关系。如果我们想要自己的孩子表现良好，我们不会因此给他们钱，而是给他们爱和鼓励。如果我们想要自己的工人在工作中表现高效，我们会给予他们支持、赞赏和自我价值感。如果雇主愿意帮助自己的工人——例如，在工人需要的时候让他们放假，允许工人从事个人项目或兴趣——那么工人就会觉得在道义上更应该回报雇主的帮助，并在需要时无偿加班。我们对工作的态度常常取决于我们对经理的态度。

1914年，福特和他的汽车公司向工人支付5美元日薪，此举震惊了世界。在当时，这对工人来说是前所未有的工资。让这一工资水平成为可能的是福特公司的装配线效率得到了提高，能够以更低的成本生产更多的汽车。事实证明，这对福特公司来说是一个很好的宣传噱头，而且上了头版新闻。然而，如果我们更加仔细地研究福特公司的经历，就会发现，福特公司之所以提供这么高的工资，至少有一部分原因是福特公司正在失去大批工人，因为这些工人发现，日复一日地从事一项非常枯燥且重复性高的装配线工作非常困难。一年前，尽管福特公司支付的工资已经高于其他公司，但福特公司依然需要雇用52 000名工人，目的仅仅是让劳动力保持在14 000人的水平。福特公司很难留住员工——工人不断请病假或另谋工作。如果一份工作极其无聊，那大多数人宁愿选择一份薪水较低却令人愉快的工作。劳动力不像是诸如资本那样的一种简单生产要素。机器可以整天做一项无聊的工作，但工人具有上文提到的需求层次，如果只有报酬得到满足，他们就会选择另一份工作。

同样值得注意的是，一名福特工厂的工人一天想要赚5美元，必须满足一定的要求。工人的基本工资只有2.25美元，奖金不仅取决于工作的努力程度，还取决于是否满足福特社会化组织（Ford Socialization Organization）的要求，该组织会检查工人的家，看看他们是否过着洁净的美国式生活。被发现赌博或酗酒的工人可能没有资格获得奖金。问题是，我们希望自己的工资取决于雇主对我们个人生活的认可吗？我想，我们很多人宁愿不拿福特的奖金，也要让公司远离我们的私生活。

这并不是要否认工资的重要性。乔治·阿克洛夫提出了效率工资理论。简而言之，如果付给工人尽可能低的工资，工人就会以尽可能少的努力来回应。如果把工资提高到平均水平以上，工人就会觉得被解雇会让自己遭受更大的损失。他们会更有动力地努力工作。但当然，正如福特公司的经历表明的那样，支付更高的工资并不是唯一重要的因素，还需要让工人感觉自己受到重视。

44. 航空公司不断改变机票价格的做法是不公平的

航空公司和其他运输公司经常改变价格。如果你某天访问一个网站查看一趟航班的价格，你可能会发现，当你第二天回来购买机票时，这趟航班的价格上涨了30美元。对消费者来说，这既令人恼火又不公平。那么，为什么航空公司要不断改变机票价格？这是在伤害还是帮助消费者？

航空公司有定期航班，无论机上有多少乘客，定期航班都会起飞。一旦一家航空公司决定执飞一趟航班，就已经产生了很大比例的成本。如果执飞的航班上只有一位乘客，这家航空公司仍然需要为所有燃料、着陆时段、工资和固定成本买单。如果只有一位乘客，那么运送这位乘客的平均成本可能在5万美元左右。显然，只有一位乘客的航班是不赚钱的。如果航空公司搭载更多乘客，成本将会小幅增加。重量越大，飞机所需的燃料就越多；随着乘客数量的增加，可能需要更多的机组人员为乘客服务。但搭载更多乘客的边际成本（额外成本）相对较低。因此，从航空

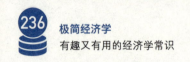

公司的角度来看，他们会希望乘客坐满整架飞机，尽可能使收益
最大化。

每位消费者为一次飞行买单的能力和意愿都是不同的。如
果你是公费出行，你就不会担心机票价格高，因为你的公司会支
付这笔钱。如果你是一名穷学生，你会对价格非常敏感，因为除
非价格很低，否则你买不起。在经济学中，我们说消费者拥有不
同的需求价格弹性。这是消费者的需求对价格变化的反应。如果
你提高机票价格，企业主管仍然会购买，但那名学生不会。为了
实现收入和利润最大化，航空公司会希望能够向这些不同的人群
收取不同的价格。这就是为什么乘坐商务舱比乘坐经济舱贵这么
多的原因。的确，商务舱占用的空间更大，因此成本也更高。但
是，通过将飞机上的空间分成不同的区域，航空公司从而利用企
业高管愿意支付更高价格的优势。然而，除了这种将飞机上的空
间分为商务舱和经济舱的粗糙做法之外，航空公司还能如何增加
收入呢？

一种方法是根据空座率以及航班接近满载的程度调整票价。
例如，当航空公司开始出售机票时，它可能会试图设定一个较高
的价格。之后，那些真正需要乘坐这趟航班的消费者就会愿意支
付高价。然而，如果几周之后机票销售量很低，飞机的上座率只
有10%，那么航空公司就需要出售更多的机票。航空公司将降低

票价，鼓励人们购买这趟航班的机票。哪怕座位价格降低了，也比留着没有给航空公司带来任何收入的未售出座位要好。

现在，假设一个50人的团体计划搭乘某个航班（参加一次有组织的周末旅行）。突然间，这家航空公司发现需求激增，空余座位的数量在迅速下降。这个时候，航空公司将通过提高票价来应对需求的激增。因为航空公司不希望在航班起飞前4周就把飞机塞满，以在它看来并不理想的价格将所有机票卖光。这个时候，它可以通过提高价格和劝阻人们乘坐这趟航班来实现利润最大化。从航空公司的角度来看，最理想的做法是在飞机即将起飞之前将飞机塞满。如果有很多座位没有售出，票价就会下降，以鼓励销售，避免出现空座。如果需求高，飞机即将满载时，票价就会上涨，从为数不多的剩余机票中获得最大收益。这样一来，航空公司就可以通过设定尽可能高的价格来塞满一架飞机。我们往往关注票价上涨，但在一趟航班涨价的同时，航空公司可能会降低其他几乎空无一人的航班的票价。

这种做法被称为动态定价，似乎是航空公司赚取更多利润的极佳方式。然而，如果你是一位无从选择的消费者，面对一张100美元的机票突然涨到130美元，你可能会觉得自己被骗了。当然，一些消费者群体最终可能会支付比平时票价更高的票价，但总体而言，动态定价有几个明显的优势——即使这些优势并非一

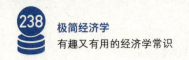

目了然。

　　首先，动态定价使航空公司能够提供更多的航班。如果不同航班的票价一致，一些不受欢迎的航班（上午6点起飞）的机票将很难卖出去，而热门航班（中午12点起飞）的机票会更快售罄。在实行动态定价的情况下，消费者可以选择——要么花更多的钱乘坐热门航班，要么花更少的钱乘坐空荡荡的航班。例如，如果周日晚上的返程航班迅速客满，票价就会上涨。对于一位低收入旅客来说，这看起来可能不公平。但与此同时，由于周日晚上的航班变得更加昂贵，在周一乘机返回将更加便宜。因此，精打细算的旅客多停留一晚可以节省一大笔钱。相比之下，那些拥有一份好工作，需要在周一早上上班的人能够搭乘周日晚上的航班，原因是更高的票价限制了需求。

　　如果没有动态定价，精打细算的旅客将无力负担平均票价，而企业高管也会因为周日晚上的机票售罄而无法出行。动态定价为两种不同类型的旅客提供了更好的选择。企业高管坐上了他们需要搭乘的航班，而学生可能会在尴尬的时间得到一张廉价机票。

　　动态定价的主要好处之一是它可以平稳需求。如果某个航班的人气飙升，价格就会上涨，这实际上会鼓励旅客改乘其他航班。这意味着航空公司可以争取在所有航班上实现90%~100%的上座率。

动态定价无疑有助于航空公司提升盈利能力，但这种盈利能力会伤害或阻碍消费者吗？动态定价导致一些消费者支付更多费用，但相比之下，动态定价使航空公司能够运营范围更广的服务。如果没有动态定价，航空公司可能会削减盈利能力较弱的航线——留给消费者的航班选择将更少。通过运用动态定价，一些原本会亏损的航线实现了盈利，得以继续运营。但对于消费者来说，票价的起起落落可能会让他们感到恼火——这让他们无法确定什么时候购票——但如果一些航线和目的地被完全取消，那会令人更加沮丧。此外，如果消费者对价格非常敏感，同时他们有时间和灵活性，动态定价将使消费者有机会获得更低的价格。如果消费者最看重的是买到对自己而言最方便的航班，动态定价意味着这趟航班的机票不会售罄，所以他们总是可以选择购买自己真正需要搭乘的航班。

45. 英国和美国的经济应该更加平衡

我们经常习惯性地认为，平衡的经济应该有一系列适当的传统产业——农业、制造业以及服务业。如果经济开始依赖服务业而进口制造业产品，我们很容易认为经济不平衡，而且经济不平

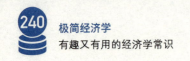

衡是一个问题。然而，努力实现经济朝某种理想状态的再平衡往往弊大于利，经济学家们经常声称，必须重新平衡经济的看法是错误的。

首先，美国从中国进口制成品有问题吗？美国从中国进口制成品的原因是比从国内公司购买更便宜。当一些制造业企业失去竞争力时，它们遭受了损失，但美国家庭受益于更便宜的价格，更便宜的价格意味着更多的可支配收入。可支配收入的增加意味着美国消费者将有更多的购买力购买更多的美国国内服务——比如，如果你在服装上的支出减少了，你就可以更频繁地去当地餐馆吃饭。美国的一些制造业企业遭受了损失，但美国的服务业却从中受益。想要重新平衡美国经济，实际上意味着美国应该保护自身缺乏竞争力的制造业，且美国消费者应该为工业制成品支付更多费用。

如果美国和英国是商品的净进口国，这将对国际收支产生影响。特别是，美国将出现贸易赤字和经常账户①赤字。如果经常账户出现赤字，美国该如何为这些进口商品买单呢？

与经常账户相反的是资本和金融账户。在浮动汇率中，资本

---

① 经常账户包括一个国家经济中的所有收入和支出项目。——编者注

账户①准确地反映了经常账户收支。如果美国的经常账户赤字为1000亿美元，这意味着美国必须有1000亿美元的资本账户盈余。资本账户衡量的是资金流，如银行账户流动、资产的购买或资金的国际转移。举个例子，假设美国购买了价值1000亿美元的中国进口商品：中国看到了1000亿美元的外汇流入，中国可以用这笔外汇投资美国资产，购买美国政府债券或房地产，或者只是把钱存在美国的银行。因此，实际上，为购买中国进口商品而离开美国的美元通过不同渠道重新回到了美国。

假设中国不想购买美国资产，而只是把钱存在中国——这怎么能平衡美国经济呢？在这种情况下，美元将会贬值，原因是美国人出售美元以购买中国商品，而对美国资产的需求却没有同等程度的增长。然而，美元贬值将使美国商品更具竞争力，这将重新平衡美国经济。

重要的是，经常账户赤字只是经济不平衡的一部分；而不那么明显的经济不平衡是，中国正在对美国进行同样规模的反向投资。对这种巨大贸易失衡的一个合理担忧是，这种失衡将使中国得以增加在英美两国的投资和资产。我们希望中国拥有美国的关

---

① 资本账户包括一国和其他国家之间的所有资产交易，也可看成一国与其他国家之间的所有借贷。——编者注

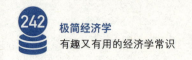

键基础设施资产和政府债务吗？与其说这是一个经济问题，不如说是一个政治问题。但当中国购买大量美国国债时，美国存在一个优势，原因是中国此举压低了债券收益率，并小幅降低了美国政府的借款成本。

经常账户赤字的另一个特点是，历史告诉我们，各国可以长期出现持续的经常账户赤字，而不会产生任何不良影响。例如，在19世纪下半叶，美国持续的经常账户赤字约占国内生产总值的2%~3%。从某种意义上，你可以说美国经济是失衡的，但实际情况是，美国经济正在经历快速增长——美国正在取代英国成为世界上最大的经济体。美国之所以能够持续保持经常账户赤字，是因为许多欧洲国家渴望在美国投资。当欧洲的银行和投资者为快速投资和增长提供资金时，美国出现了庞大的资本流。贸易赤字和经常账户赤字有时候会成为头条新闻。如果美国需要进口商品，乍一看这似乎存在问题。但另一方面，这意味着消费者将享受更高的生活水平，而美国从资本流入中获益。

现代经济的另一个方面是，我们看到了专业化的日益加剧。我们已经习惯了国家航空公司或国家汽车工业的想法，且我们国家拥有自己的钢铁公司可以成为一件值得骄傲的事情。但我们不应该担心钢铁行业倒闭，而我们依赖金融服务的情况吗？在最近的几十年里，如果一个行业中存在非常广泛的规模经济效益，这会使得各个行业日益专业化。这意味着，个别国家拥有自己的钢铁行业确实没有意义；只有少数几个国家专攻钢铁行业，充分利用全部规模经济效益，这才是有意义的（尽管不得不说，如果进口钢铁的质量低于国产钢铁，依赖进口钢铁可能会存在问题，因为钢铁是建筑和国防必不可少的原材料）。因此，试图扶持一家没有竞争力的国家钢铁公司是在进行一场必败的战斗。新贸易理论认为，这些规模经济效益如此巨大，以至于它们比传统的比较优势更为重要。一些国家将专攻制造业，而法国和英国等其他国家则专攻金融服务业。加利福尼亚州的硅谷已经成为对信息技术初创企业而言极具吸引力的地方，并建立了由训练有素人员和各种支持产业组成的网络。试图平衡经济需要对抗巨大的规模经济效益，并导致行业缺乏竞争力。

这并不意味着所有国家都应该忽视平衡自身经济这一潜在需求。例如，一个专攻一种初级产品的发展中经济体必然会面临价格和收入波动的风险。严重依赖石油的发展中经济体可能希望实现经济多样化，不再依赖可能限制经济长期可持续增长的化石燃料。然而，在欧盟和美国等发达经济体，并不存在一种对初级产品相同的过度依赖。相反，我们担心它们对服务业和金融业的过度依赖。然而，为什么我们应该更加重视制造业的工作岗位而不是服务业的工作岗位呢？因为欧盟制造业的竞争力更强。如果欧

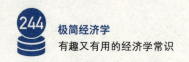

盟最具竞争力的行业是金融服务业，这未必是件坏事。通过出口金融服务，欧盟将赚取外汇，再向世界各地更具竞争力的生产商购买工业制成品。

注 释

1. Cannadine, David, *Mellon: An American Life*, Alfred A. Knopf, 2006, 444–445

2. "Testimony of Chairman Alan Greenspan", The Federal Reserve Board, 20 July 2005 （https://www.federalreserve.gov/boarddocs/hh/2005/july/testimony.htm)

3. Friedman, Milton, and Rose D. Friedman, *Tyranny of the Status Quo*, San Diego: Harcourt Brace Jovanovich, 1984, 115

4. Fujioka, Toru, and Sumio Ito, "Japan's Long Deflation Battle Is Warning for Post-Virus World", Bloomberg, 28 May 2020 (https: //www.bloomberg.com/news/articles/2020-05-28/japan-s-long-deflation-battle-is-warning-for-post-virus-world)

5. Smith, Adam, *An Inquiry Into the Nature and Causes of the Wealth of Nations*, United States, Oliver D. Cooke, 1804, 19

6. Ibid. 349

7. Hill, Lisa, "Adam Smith and the theme of corruption", *The Review of Politics*, 2006, 636–662

8. Smith, Adam, *The Wealth of Nations,* Third edition, William Allason, 1819, 28

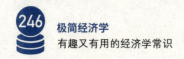

9. Ibid. 213

10. Keynes, John Maynard, *A Tract on Monetary Reform*, 1923, London: Macmillan, ch.3, 80

11. Schumacher, Ernst Friedrich, *Small is Beautiful: A Study of Economics as if People Mattered*, Vintage, 2011, 20

参考文献

第一章：经济学谬误

Lebergott, Stanley, "The Measurement and Behavior of Unemployment", 1957, 215 (https://www.nber.org/system/files/chapters/c2644/c2644.pdf)

Montier, James, "Behaving Badly", 2 February 2006 (https://ssrn.com/abstract=890563)

Reinhart, Carmen M., and Kenneth S. Rogoff, *This Time Is Different: Eight Centuries of Financial Folly*, Princeton University Press, 2009, 208

Shiller, Robert J., *Irrational Exuberance: Revised and Expanded Third Edition*, Princeton University Press, 2000, 240 "US Immigration Trends 1900–1940: Early 1900s" (http://www.emmigration.info/us-immigration-trends-1900-1940.htm)

第二章：政治上的两难境地

Cannadine, David, *Mellon: An American Life*, Alfred A. Knopf, 2006, 444–445

"Confederate Inflation Rates (1861–1865)", Inflationdata.com (https://inflationdata.com/articles/confederate-inflation/)

"Eastern Europe's workers are emigrating, but its pensioners are staying", Economist, 21 January 2017 (https://www.economist.com/europe/2017/01/19/eastern-europes-workers-areemigrating-but-its-pensioners-are-staying)

Henry, James S., "Taxing Tax Havens", Foreign Affairs, 12 April 2016 (https://www.foreignaffairs. com/articles/panama/2016-04-12/taxing-tax-havens)

"How do you solve catastrophic inflation", BBC News, 22 September 2018 (https://www.bbc.co.uk/news/business-45523636)

Kessler, Glenn, "Rand Pau's claim that Reagan's tax cuts produced 'more revenue' and 'tens of millions of jobs'", Washington Post, 10 April 2015 (https://www.washingtonpost.com/news/fact-checker/wp/2015/04/10/rand-pauls-claim-that-reagans-tax-cuts-produced-more-revenue-and-tens-of-millions-of-jobs/)

Reinhart, Carmen M., and Kenneth S. Rogoff, "Growth in a Time of Debt", January 2010, 2(https://www.nber.org/papers/w15639)Shaxon, Nicholas, "Tackling Tax Havens", International Monetary Fund, Finance & Development, September 2019, vol. 56, no.3 (https://www.imf.org/external/pubs/ft/fandd/2019/09/tackling-global-tax-havens-shaxon.htm)

"Who Pays Income Taxes? ", National Taxpayers Union Foundation, 25 October 2019 (https://www.ntu.org/foundation/tax-page/who-pays-income-taxes)

第三章：需要真正了解的经济名词

"Testimony of Chairman Alan Greenspan", The Federal Reserve Board, 20 July 2005 (https://www.federalreserve.gov/boarddocs/hh/2005/july/testimony.htm)

Friedman, Milton, and Rose D. Friedman, *Tyranny of the Status Quo*, San Diego: Harcourt Brace Jovanovich, 1984, 115

Fujioka, Toru, and Sumio Ito, "Japan's Long Deflation Battle Is Warning for Post-Virus World", Bloomberg, 28 May 2020 (https://www.bloomberg.com/news/articles/2020-05-28/japan-s-long-deflation-battle-is-warning-for-post-virus-world)

Hill, Lisa, "Adam Smith and the theme of corruption", *The Review of Politics*, 2006, 636–662

Keynes, John Maynard, *A Tract on Monetary Reform*, 1923, London: Macmillan, ch.3, 80

Keynes, John Maynard, *The General Theory of Employment, Interest and Money, Palgrave Macmillan*, 1936, 1–50

McKenna, Maryn, "How Your Chicken Dinner Is Creating a Drug-Resistant Superbug", *The Atlantic*, 11 July 2012 (https://www.theatlantic. com/health/archive/2012/07/how-your-chicken-dinner-is-creating-a-drug-resistant-superbug/259700/)

"Sustainable land use (greening)", European Commission (https://ec.europa.eu/info/food-farming-fisheries/key-policies/common-agricultural-policy/income-support/greening_en)

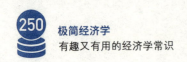

Smith, Adam, *"The Theory of Moral Sentiments*, Penguin Classics, 2010, 41

Smith, Adam, *An Inquiry Into the Nature and Causes of the Wealth of Nations*, United States, Oliver D. Cooke, 1804, 19

Ibid. 349.

Smith, Adam, *The Wealth of Nations*, Third edition, William Allason, 1819, 213

Ibid. 286.

第四章：致富手段的误区

Chang, Ha-Joon, "Under-explored Treasure Troves of Development Lessons – Lessons from the Histories of Small Rich European Countries (SRECs)", Hajoonchang.com, November 2008 (https://hajoonchang.net/wp-content/uploads/2012/01/SmallRichEuropeanCountries. pdf)

Charles, Dan, "Farmers Got Billions From Taxpayers In 2019, And Hardly Anyone Objected", NPR, 31 December 2019 (https://www.npr.org/sections/thesalt/2019/12/31/790261705/farmers-got-billions-from-taxpayers-in-2019-and-hardly-anyone-objected)

Jebb, Andrew T., et al., "Happiness, income satiation and turning points around the world", *Nature Human Behaviour* 2.1 (2018): 33–38 (https://pubmed.ncbi.nlm.nih.gov/30980059/)

Scitovsky, T., *The Joyless Economy: An Inquiry into Human Satisfaction and Consumer Dissatisfaction*, Oxford University Press, 1976

Schumacher, Ernst Friedrich, *Small is Beautiful: A Study of Economics as if People Mattered*, Vintage, 2011, 20

第五章：生态炸弹

"Are consumption-based CO_2 per capita emissions above or below the global average？, 2017", Our World in Data (https://ourworldindata.org/grapher/consumption-co2-per-capita-equity)

Brown, Marilyn A., and Majid Ahmadi, "Would a Green New Deal Add or Kill Jobs？", *Scientific American*, 17 December 2019 (https://www.scientificamerican.com/article/would-a-green-new-deal-add-or-kill-jobs1/)

"Economic Costs: Paying the Price for Those Extra Pounds", Harvard T.H. Chan School of Public Health (https://www.hsph.harvard. edu/obesity-prevention-source/obesity-consequences/economic/)

"Facts and Figures about Materials, Waste and Recycling", United States Environmental Protection Agency (https://www.epa.gov/facts-and-figures-about-materials-waste-and-recycling/plastics-material-specific-data)

"Frequently Asked Questions: Benefits of Recycling", Stanford University (https://lbre.stanford.edu/pssistanford-recycling/frequently-asked-questions/frequently-asked-questions-benefits-recycling)

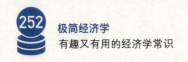

"Global Waste to Grow by 70 Percent by 2050 Unless Urgent Action is Taken: World Bank Report", The World Bank, 20 September 2018 (https://www.worldbank.org/en/news/press-release/2018/09/20/global-waste-to-grow-by-70-percent-by-2050-unless-urgent-action-is-taken-world-bank-report)

Galvin, Gaby, "These Are the Countries Where Air Pollution is the Deadliest", U.S. News, 9 November 2017 (https://www.usnews.com/news/best-countries/articles/2017-11-09/air-pollution-kills-the-most-people-in-these-countries)

"How Big Oil Misled The Public Into Believing Plastic Would Be Recycled", NPR, 11 September 2020 (https://www.npr.org/2020/09/11/897692090/how-big-oil-misled-the-public-into-believing-plastic-would-be-recycled)

"How to reduce airline emissions", Transport & Environment (https://www.transportenvironment.org/what-we-do/aviation-and-eu-ets)

Kommenda, Niko, "How your flight emits as much CO_2 as many people do in a year", *The Guardian,* 19 July 2019 (https://www.theguardian.com/environment/ng-interactive/2019/jul/19/carbon-calculator-how-taking-one-flight-emits-as-much-as-many-people-do-in-a-year)

McCall, Rosie, "Around 200,000 Americans Die Every Year From Air Pollution That Meets EPA Standard", *Newsweek*, 21 November 2019 (https://www.newsweek.com/200000-americans-die-every-year-air-pollution-that-meets-epa-standard-1473187

"Reducing emissions from aviation", European Commission (https://ec.europa.eu/clima/policies/transport/aviation_en)

"The State of the World's Forests 2020", Food and Agriculture Organization of the United Nations (http://www.fao.org/state-of-forests/en/)

"Trends in Cigarette Smoking Rates", American Lung Association (https://www.lung.org/research/trends-in-lung-disease/tobacco-trends-brief/overall-tobacco-trends)

第六章：商业"神话"

McGregor, Jena, "What companies get wrong about motivating their people", *Washington Post*, 2 December 2016 (https://www.washingtonpost. com/news/on-leadership/wp/2016/11/25/what-companies-get-wrong-about-motivating-their-people)

图表数据来源：

图1–1　零和博弈（泰吉万·帕丁格）

图1–2　股市市盈率（罗伯特·席勒所著《非理性繁荣》/*Stock Market Data*）

图2–1　拉弗曲线（www.economicshelp.org）

图2–2　英国国债——自1727年以来在国内生产总值中的百分比（Bank of England: A Millennium of Macrodata A30a, ONS – NSA from 2000）

图2–3　1960年至2019年美国的通货膨胀（St Louis Fed FPCPITOTLZGUSA）

后记

经济学为数不多的确定性之一是，这门学科在不断变化演进，有时还会引发意想不到的危机。1992年至2007年，许多分析师认为西方国家已经实现了一种稳定、低通胀和经济增长的经济新范式。然而，2007年至2009年的信贷危机否定了这种乐观情绪。信贷危机展现了过时的金融工具造成广泛经济损害的力量。经济学教科书不需要重写，但它们确实需要一些新的章节。

2020年最大的经济问题看起来可能是全球不平等、英国脱欧或中美关系，但这些问题被新冠肺炎疫情对经济体系的巨大冲击掩盖了。这场流行病和由此导致的大范围封锁造成了前所未有的经济形势。短期内，我们需要努力应对衰退、失业以及公共卫生与经济之间的微妙平衡。从长远来看，这场流行病将改变工作和商业的性质。但也许更重要的是，它可能会让我们质疑什么应该成为经济学中最重要的优先事项——是使经济增长最大化，还是我们想要更加重视包括公共卫生、环境和生活质量在内的公共福利。有时候，需要一次巨大的经济冲击才能迫使我们重新评估什么是重要的。

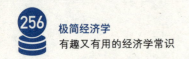

　　预测下一次经济冲击总是困难的，但快速变化的环境可能以一种超越以往危机的方式破坏全球经济。不管未来会发生什么情况，理解经济学背后的科学，有助于我们使用各种可能的方法以应对即将到来的挑战，并使我们能够以一种有益于世间芸芸众生的方式共享地球上的稀缺资源。